广告产业的智能化研究

秦雪冰 著

上海大学出版社
·上海·

图书在版编目(CIP)数据

广告产业的智能化研究/秦雪冰著.—上海：上海大学出版社,2023.6
ISBN 978-7-5671-4672-3

Ⅰ.①广… Ⅱ.①秦… Ⅲ.①广告业-产业发展-研究-中国 Ⅳ.①F713.8

中国国家版本馆 CIP 数据核字(2023)第 107307 号

出版统筹　邹西礼
责任编辑　贾素慧
封面设计　柯国富
技术编辑　金　鑫　钱宇坤

广告产业的智能化研究

秦雪冰　著
上海大学出版社出版发行
(上海市上大路 99 号　邮政编码 200444)
(https://www.shupress.cn) 发行热线 021-66135112
出版人　戴骏豪

*

南京展望文化发展有限公司排版
上海光扬印务有限公司印刷　各地新华书店经销
开本 710mm×1000mm　1/16　印张 11.75　字数 198 千
2023 年 6 月第 1 版　2023 年 6 月第 1 次印刷
ISBN 978-7-5671-4672-3/F·233　定价 58.00 元

版权所有　侵权必究
如发现本书有印装质量问题请与印刷厂质量科联系
联系电话:021-61230114

目 录
CONTENTS

1 绪论 ·· 1
  1.1 问题的缘起 ··· 1
    1.1.1 技术是引起广告产业变迁的核心力量 ···················· 2
    1.1.2 人工智能技术在广告产业的应用 ··························· 6
  1.2 文献综述 ··· 7
    1.2.1 人工智能技术在广告中的应用领域 ························ 8
    1.2.2 人工智能对广告产业产生的影响 ··························· 9
    1.2.3 述评 ··· 9
  1.3 相关概念界定 ·· 10
    1.3.1 广告产业 ··· 10
    1.3.2 人工智能 ··· 10
    1.3.3 创新生态系统 ·· 13
  1.4 研究意义、对象、方法 ·· 17
    1.4.1 研究意义 ··· 17
    1.4.2 研究对象 ··· 17
    1.4.3 研究方法 ··· 18

2 广告产业智能化的研究视角：创新生态系统理论 ·················· 23
  2.1 创新生态系统理论 ·· 23
    2.1.1 创新生态系统理论的提出与发展动因 ················· 23
    2.1.2 创新生态系统理论的内涵与基本构成 ················· 24
    2.1.3 创新生态系统的特征 ·· 25

2.2 广告产业创新生态系统 ·· 27
　　2.2.1 广告产业是一个创新生态系统 ························· 27
　　2.2.2 技术—产业范式的变革：广告产业智能化原理 ········· 28
　　2.2.3 广告产业创新生态系统的特征 ························· 28
2.3 基于创新生态系统的广告产业智能化分析思路 ············ 30
　　2.3.1 创新组织研究：人工智能技术驱动下广告公司主导
　　　　　惯例（业务流程） ······································· 30
　　2.3.2 创新网络研究：人工智能技术驱动下广告产业的创新
　　　　　传导与关系网络 ··· 31
　　2.3.3 创新环境研究：人工智能技术驱动下的广告产业涨落
　　　　　 ·· 31

3 环节与过程的重组：广告公司业务流程的智能化 ·············· 32
3.1 广告公司业务流程重组的内涵 ································ 32
　　3.1.1 业务流程的含义 ··· 32
　　3.1.2 业务流程重组 ··· 33
　　3.1.3 广告公司业务流程智能化重组的内涵 ················ 34
3.2 广告公司业务环节的智能化重构 ······························ 35
　　3.2.1 非结构化数据的处理与数据实时获取：消费者分析
　　　　　智能化 ·· 35
　　3.2.2 基础设计的替代：广告设计的智能化 ················· 37
　　3.2.3 结构化短文案的生成：广告文案的智能化及存在的
　　　　　问题 ·· 41
　　3.2.4 网络广告程序化、终端广告个性化、秒优化：广告
　　　　　投放的智能化 ·· 46
3.3 广告公司业务过程的智能化重组 ······························ 51
　　3.3.1 溢出的工具平台：人工智能技术对广告公司业务
　　　　　过程的重组 ·· 51
　　3.3.2 技术人员前置：人工智能技术对广告公司业务过程的
　　　　　重组 ·· 52

4 技术吸收与人力替代：广告产业智能化的人力资本 …… 54
4.1 广告产业对人工智能技术的吸收 …… 54
4.1.1 吸收能力的概念 …… 54
4.1.2 人工智能技术在广告产业的吸收 …… 56
4.2 广告产业人力资本结构的变迁 …… 62
4.2.1 人力资本的概念 …… 62
4.2.2 人力资本的分类 …… 63
4.2.3 广告产业的人力资本分类 …… 65
4.3 技术吸收与人力驱逐：人工智能技术的应用对广告产业人力资本的影响 …… 65
4.3.1 一般型与技能型人力资本的贬值 …… 65
4.3.2 一般型与技能型人力资本需求量大幅下降 …… 67
4.3.3 创新型人力资本价值增强 …… 69
4.3.4 异质性人力资本吸收与岗位创新 …… 71

5 基于价值变化的关系网络变迁：智能化的广告产业链 …… 74
5.1 广告主、广告公司、广告媒介：广告产业链的产生与形成 …… 74
5.1.1 产业链理论 …… 74
5.1.2 传统广告产业链 …… 76
5.2 环节的增减：广告产业智能化的产业链价值点的变化 …… 78
5.2.1 广告公司价值的重新确认：去或存"乙方" …… 78
5.2.2 广告产业边界移动：业务边界的变化 …… 83
5.2.3 异质性凸显：广告产业链上不同类型的公司 …… 84
5.3 多样性：广告产业智能化的产业链网络 …… 89
5.3.1 inhouse 与对接多种异质公司：广告主主导型产业链 …… 89
5.3.2 产业链内部化与整合支持机构：广告公司主导型产业链 …… 90
5.3.3 媒体自建 DSP：广告媒介主导型产业链 …… 93

6 产业涨落：广告产业智能化的进入壁垒与市场集中度 95
 6.1 产业进入壁垒：广告产业智能化的进入门槛 95
  6.1.1 数据壁垒：广告产业智能化的核心门槛 98
  6.1.2 技术壁垒：广告产业智能化的底部门槛 103
  6.1.3 资本壁垒：广告产业智能化的初始门槛 104
  6.1.4 规模经济壁垒：广告产业智能化的边际门槛 106
  6.1.5 差异化壁垒：广告产业智能化的策略性门槛 107
 6.2 产业内进入壁垒：传统广告产业向智能化转型面临的门槛 108
  6.2.1 创意壁垒：从展示类创意到互动创意形成的门槛 109
  6.2.2 媒介投放壁垒：程序化购买的"黑匣子" 111
 6.3 人工智能技术下广告产业的集中度 113
  6.3.1 趋于集中的力量 113
  6.3.2 分散的因素：新进入者 115

7 小结 116

附录：部分访谈记录 119
 顺为互动 & 生米组成访谈记录 119

参考文献 176

1

绪 论

1.1 问题的缘起

技术是指"人类在为自身生存和社会发展所进行的实践活动中,为了达到预期的目的而根据客观规律对自然、社会进行调节、控制、改造的知识、技能、手段、规则方法的集合。"① 关于技术的价值有两种主导型的观点,一种是技术中立论,另一种是技术负载论。技术中立论认为技术是人类改造世界的手段,人类通过技术将潜在的生产力转化为现实的生产力,技术价值的实现是人类作为主体的实践过程,因此技术在本质上是中立的,不含有善恶的指向,起决定作用的是使用技术的人。技术负载论认为技术研发设计之初就具有专门的意图,技术的影响内置于技术本身,因此技术本身就具有价值上的偏向性。无论是技术中立论者还是技术负载论者都不否认技术的巨大影响力。

技术是引起广告产业变迁的核心力量。从报纸、电视为主的传统传播技术到互联网技术再到大数据技术,每一次技术变迁都对广告产业进行解构并重构,与之相适应的产业实践与产业理论都得到革新。人工智能诞生于 1956 年,主要是研究在无生命体(如计算机)或类生命体上实现人类智慧和能力,近几年在自然语言理解、智能学习、智能推理及智能行动等复杂的

---

① 郭嘉.从传播技术变迁角度研究广告产业的发展——必要性探析及相关概念的界定[J].广告大观(理论版),2011(12):21-27.

应用领域取得了成功。社会生产与生活的智能化既是现实也是趋势。2017年政府工作报告中提出"加快人工智能等技术研发和转化",2017年7月国务院印发《新一代人工智能发展规划》,党的"十九大"提出推动互联网、大数据、人工智能和实体经济深度融合,从国家战略层面整体推进人工智能的发展。人工智能在消费者洞察、广告设计、广告文案创作、程序化购买与效果反馈等广告领域的应用对广告实践产生深刻的影响,甚至颠覆广告产业实践。克利福德·格尔茨(Clifford·Gertz)在《文化的解释》中参照怀特海(Whitehead)为自然科学提出的研究准则,提出了社会科学的研究准则,他认为"怀特海曾经为自然科学提供了研究准则'寻找简单并怀疑之',社会科学的研究准则是'寻找复杂并使之有序'",同时格尔茨也为"使之有序"提供了路径即解释现实。人工智能技术对广告产业产生颠覆性影响,然而理论研究却相对滞后,原有的广告理论无法解释人工智能驱动下的产业实践,需要进行新的探索与理论构建。

1.1.1 技术是引起广告产业变迁的核心力量

1.1.1.1 传统传播技术下的广告产业

传统传播技术主要包括印刷技术和电子技术。"印刷技术是以纸质媒体为传播载体的技术,电子技术是以电磁波传递为手段的技术,数字技术是指以数字编程为核心的计算机技术。"[①]德国人谷登堡(Gutenberg)发明了现代印刷术。随着造纸术和印刷术的发展,19世纪后半叶报纸媒介产生并逐渐成熟,成为第一个大众媒介,人类传播走进了大众传播时代。1925年,英国工程师约翰·贝尔德(Baird)用无线电技术结合光电效应发明了电视。1926年1月26日贝尔德在伦敦举行了第一次电视公开表演,之后电视成为20世纪影响力最大的大众媒介之一。

广告产业的产生、形成与发展与传播技术息息相关。随着报纸的产生与发展,在美国,沃尔尼·B. 帕默(Volney B. Pdmer)于1841年在费城开办了一家广告公司。帕默代理报纸广告的公司为世界上第一家广告公司。在

---

① 钟瑛,余红.传播科技与社会[M].武汉:华中科技大学出版社,2006:2.

1845年和1847年,帕默又先后在波士顿和纽约开办了公司。他不仅是报纸和广告界的中介人,而且常为客户撰写文案并向报纸抽取25%的佣金(后逐渐减至15%)。乔治·P. 罗威尔(George P. RoWell)在自己的广告代理活动中,从报纸、杂志社大量购进版面,随后以略高的价格转卖给广告主。1888年罗威尔创办了美国第一家广告专业杂志《印刷者油墨》(printers ink)。近似现代意义的广告代理公司是1869年在美国费城出现的艾耶父子广告(N. W. Ayer & Son),它为客户提供设计、撰写文案、建议和安排适合的媒介等多种服务。19世纪末出现的广告,多是以报纸、杂志为媒体的印刷广告。19世纪末20世纪上半叶,广告公司蓬勃发展,公司数量不断增加,其服务功能不断完善,服务领域不断扩大。早在1849年,英国的美瑟暨克劳瑟广告公司(Mather & Gowther,奥美广告公司的前身),已有员工100人,并提供类似美国艾耶父子公司的广告服务。1880年,日本第一家广告代理商"空气堂组"在东京开业,随后"弘报堂""广告社""三成社""正路喜社"纷纷出现。1895年10月,"博报堂"正式开业。1901年7月,"日本广告株式会社"成立。在美国,此时期出现了一系列专业广告公司,如洛德暨托马斯广告公司(Lord & Thomas)、J. W. 汤逊广告公司(J. Walter Thompson)、扬·罗必凯广告公司(Young & Rubicam)、BBDO广告公司、李奥贝纳(Leo Burnett)广告公司、麦肯广告公司(McCann WorldGroup)、本顿暨鲍尔斯广告公司(Benton&Bowles)、奥美广告公司(Ogilvy)、DDB广告公司(Doyle Dane Bernbach)、达彼思广告公司(Ted Bates)等。可见,世界上著名的广告公司都产生于报纸时期。随着电视媒介的产生并普及,广告公司的数量不断增多,业务内容向声画方面扩展。

从20世纪最初的10年,"广告"一词在中国语境与中国报纸媒体中渐次登场直到1949年。① 在这一时期,西方的广告观念被引入中国,中国广告产业开始萌芽和形成,具体表现为在上海、青岛、天津等早期工业化城市开设了许多广告公司,在《申报》等媒体中开始了广告代理制的实践。在1949年至1978年,广告产业的发展被迫中断,但仍然存在一些国营广告公

---

① 陈刚.中国当代广告史:1979—1991(第一卷)[M].北京:北京大学出版社,2010:4.

司和零星的广告现象。1979年以后,中国广告市场重新开启并蓬勃发展。在传统传播技术的主导下,广告公司的核心主要包括基于小样本的调查、策划、创意与媒介投放,最终表现为平面设计或TVC广告片,对平面或电视广告的策划、创意能力以及媒介组合能力是广告公司的核心能力。在广告效果上,大众传播技术主导下的广告模式是一对多的,广告信息针对的是无差别的海量的受众,效果反馈依赖于小样本广告事前或事后测试,无法进行实时动态的效果反馈与调整,因此广告方案一般以年度计划的形式出现,全年工作主要是对年度计划的执行与落地。在产业链上,形成了广告主、广告媒介、广告公司为主的广告代理制,其中综合服务的4A公司是广告产业的核心主体,此外媒介代理型广告公司与其他类型的广告公司并存。在广告形态上,20世纪90年代中期之前报纸广告处于龙头地位,20世纪90年代中期以后,电视广告成为广告投放的核心形态,电视、报纸、户外与杂志是主导性广告形态。

1.1.1.2 互联网、大数据技术引起的广告产业变革

随着互联网在20世纪90年代中期进入广泛的大众参与和商业活动时期,数字营销逐渐兴起并对传统的广告运作方式产生颠覆式的影响。尤其是在2012年以后,以社会化媒体、移动互联、微博、微信、视频为代表的数字传播媒介迅速崛起,颠覆了原有的大众传播模式。

广告主的广告投放向互联网和移动互联网倾斜。在大众传播时代,传统的广告形式主要表现为电视广告和平面广告,通过大规模粗放的广告投放达到广告效果,具有单向性、集权性、封闭性、信息传递的有限性。随着互联网和移动互联网的发展,广告主更倾向于交互性、精准性、开放性、参与性的数字营销。广告花费逐渐向数字营销领域倾斜,2014年报纸广告收入断崖式下降,2015年电视广告收入首次出现负增长,与此相反,广告主的广告投放在数字营销领域迅速上涨。2011年与2015年互联网广告收入分别超过报纸广告和电视广告成为最主要的广告投放形式。2019年中国广告经营额达8 674.28亿元,其中各类广告营业额及其在广告行业市场份额的占比:电视1 341亿元,占15.46%;广播电台128.82亿元,占1.49%;报社373.52亿元,占4.31%;期刊67.58亿元,占0.78%;互联网广告4 367亿元,占50.34%,互联网广告经营额超过广告经营总额的一半。

表 1.1　2008—2019 年广告经营额的变迁

年份	广告经营额(亿元)	增长率(%)	四大传统媒体广告市场(亿元)	增长率(%)	网络广告市场(亿元)	增长率(%)
2008 年	1 899.56	9.11	943.54	10.43	170	60.4
2009 年	2 041.03	7.45	1 008.90	6.93	207.4	22.0
2010 年	2 340.51	14.67	11 170.73	16.04	321.2	54.9
2011 年	3 125.55	33.54	1 510.42	29.02	511.9	59.4
2012 年	4 698.28	50.32	1 912.23	26.60	753.1	47.1
2013 年	5 019.75	6.84	1 834.20	−4.08	1 100.0	46.1
2014 年	5 605.60	11.67	1 994.63	8.75	1 540.0	40
2015 年	5 973.4	6.6	1 743.53	−7.2	1 589	35.3
2016 年	6 489.13	8.6	1 831.21	5	2 305.21	29.87
2017 年	6 896.41	6.3	1 784.65	−2.5	2 975.15	29.06
2018 年	7 991.48	16.3	2 072.38	16.1	3 694.23	24.2
2019 年	8 674.28	8.5	1 910.92	−7.8	4 367	18.21

数据来源：中国广告年鉴、央视市场研究(CTR)

广告运作方式发生深刻变革。在互联网与大数据背景下，"数据和技术"渗透进广告领域的各个环节，成为新的驱动性因素。大数据用户挖掘取代了依靠直觉的人为洞察；创意不仅仅局限于怎么拍好一个 TVC，怎样做好一个有创意的平面，融合进更多的技术元素；程序化购买取代了原有的人工购买；广告的实时投放取代了以年或季度为单位的投放；广告效果的精准反馈取代了在传统时代广告效果上的茫然。具体表现为四个方面。一是精准定位目标消费者。通过大数据技术，分析消费者的网站访问、商品购买情况、软件使用行为，如注册信息、浏览网页和内容、购买行为等，抓取分析消费者的年龄、兴趣、爱好、购买力、购买倾向等。通过这些信息的获取，广告主可以更加精准的寻找到目标消费者，大大地节省了营销成本。二是精准洞察消费者需求。利用cookie技术捕捉、定位并锁定用户ID,追踪其行为轨迹,精准记录消费者的浏览搜索痕迹,海量数据绘出每一个用户的"画像",而通过对这些数据分析和深度挖掘,零散片段拼合出该用户的身份特征、兴趣爱好、消费者习惯,从而精确地洞察消费者的需求。三是精准广告投放。通过精准定位目标消费者、精准洞察消费者需求,制订不同的投放组合计划,进行定向推广,确保每一分推广费用都花在刀刃上。四是精准的广告效果反馈。在大众广告时代,广告的效果是一直困扰广告主的问题之一,数字营销则实现了广告效果的精准反馈。数字营销可以准确地获知消费者对广告点击情况、观看情况及购买行为的发生,实现广告效果的精准反馈。

广告产业生态发生深刻变革。首先是传统广告公司业务量下滑:广告主在广告传统领域的广告投放逐渐减少。美国数字营销协会(Society of Digital Agency)发布的2015年度报告显示,27%的品牌正在进行"去乙方化",减少甚至停止与乙方的合作,而转向自建内容中心。一些品牌如Netflix甚至把广告投放和程序化购买业务收回到自己手中,实现对产品数据和客户数据的有效控制。除去缺少数据和技术这一硬伤之外,传统广告公司引以为傲的创意也受到挑战。数字营销追求"及时性"和"即时性",而传统广告公司耗费大量时间思考大创意;数字营销追求与消费者沟通对话,传统广告公司的广告内容却显得高不可攀;数字营销面向一个消费者思考创意,传统广告公司面向一群消费者进行创意;这都使得传统广告公司力不从心。根据营销效果评测公司贝肯(Beckon)发布的结果,只有5%的品牌内容能够引发关注和互动。传统广告公司的价值开始衰减,辉煌不再的4A广告公司考虑的是如何转型,如何重拾光环。与此同时,新的产业形态不断涌现:一是在产业链上出现了新的产业组织形式,比如数据服务公司和以数据计算、存储、分析为主营业务,为广告业提供数据技术支持的服务型机构;二是形成了新型的数字广告公司如华扬联众、利欧集团,这些新型的数字广告公司必然挤压传统广告公司的生存空间。

1.1.2 人工智能技术在广告产业的应用

高质量的千人千面的广告策划、创作、投放与效果应对的是遍布于广告历史中的一个急需被实现的梦想,然而由于技术的局限性,无论是传统广告还是早期的网络广告都未能实现。大数据驱动的网络广告在精准投放、效果反馈方面有了进步,但由于数据的海量性、无序性,这个梦想的实现仍处于困境。广告人约翰·沃纳梅克(John·Wanamaker)在20世纪初所说的"我知道我的广告费有一半是浪费的,但我不知道浪费的是哪一半"的状况仍然没有解决。人工智能为解决此难题,实现高质量的广告带来了希望。

人工智能技术在广告产业中的应用主要是通过计算机(机器)来模仿广告人的思维,智能化处理广告运作中面临的问题,属于人工智能技术在广告产业的边际应用和创新。目前来看,可以包括四个方面。一是基于自然语言理解的消费者洞察。在传统广告时代,消费者洞察依靠的是小样本的调查与广告人的经验判断。这种消费者洞察可能存在一定的偏差,严重时会导致广告策略失败。基于自然语言理解的消费者洞察能够对大数据带来的大量庞乱无章法的消费者和数据,尤其是非结构化的数据进行处理,全景式地对消费者的信息进行认知、理解和判断,展现真实的、鲜活的消费者信息。二是基于智能推理的广告策略分析及广告智能推荐。在传统广告时代,广告策略依靠广告理论、产品情况、消费者洞察相结合进行分析,由于信息的不完全及人力、精力的有限性,广告策略更多的是依靠经验判断,形成针对大多数人的较为单一、粗放的策略,无法达到个性化。在人工智能的技术下,通过对消费者行为习惯的深度学习与程序化购买对消费者进行推荐。三是基于智能学习的广告内容创作。在传统广告时代,广告创作依靠的是广告人的创意性思维,由于个人思维的局限性,创意的数量及内容相对有限。人工智能技术在广告创作领域的应用主要包括平面广告的设计、广告文案的写作与视频广告的处理。四是广告效果的应对。通过人工智能技术对广告效果达到秒优化的处理,最大限度地提升广告效果。人工智能技术在广告产业的应用必将对广告产业产生颠覆性的影响。

1.2 文献综述

人工智能技术在广告产业中的成功应用在2012年已有端倪,表现为程序化购买、竞价、数据分析管理技术的运用。2016年开始向广告产业的其他领域拓展。阿里智能实验室的AI鲁班设计系统将人工智能应用在广告设计领域：2016年为"双11"设计并成功运用了1.7亿张海报，与此同时商品的点击率提升了100%；2017年再为"双11"设计4亿张海报,约等于每秒8 000张,如果全靠设计师人工完成,假设每张图需要耗时20分钟,需要100个设计师连续做300年。利欧股份将人工智能应用在广告文案写作领域,以期提升广告文案写作的效率。2016年,宏盟集团将人工智能应用在消费者深度洞察、自然语言处理和异常流量及可视曝光量等领域；电通安吉斯公司开始使用人工智能技术大规模创作广告并应用于真实案例；筷子科技对广告创意生产进行智能革新；聚胜万合进行广告程序化投放的智能变革。理论界相关的研究略滞后于产业实践的发展,相关的研究成果较少,但也取得了一定的进展,目前的研究成果可以分为两个方面。

1.2.1 人工智能技术在广告中的应用领域

2012年起,程序化购买(DSP)、竞价(RTB)等技术已经广泛应用,数据分析管理(DMP)技术也在不断完善。陈刚认为2017年最关键的因素是智能化广告技术的突飞猛进,应该说,智能化广告时代已经开始。2017年,是智能化创意、智能化内容生产以及智能化内容管理分析技术高速发展的一年。程序化创意(PCP)等技术已经逐渐成熟,商业化势头良好。在现有的技术积累和资本的驱动下,智能化创意、内容生产、管理分析的技术研发和应用,在2017年会爆发式增长,形成广告业变革的热点和亮点。

聂双认为人工智能在市场营销领域的应用主要包括四个方面。一是优质内容写作,借助人工智能,可以改进海报、直邮广告等写作质量,通过搜索引擎优化(SEO)提高营销工作的效果。二是精准筛选推送,能够极大减轻营销人员从海量反馈中挑选被推荐者的工作,并且能够保证公司希望传达的信息,会以较高的概率被目标消费群体阅读。三是定位目标用户。在人工智能的帮助下,对大数据的利用变得更加有效：在越来越庞大而细致的数据基础上,人工智能把具备相同或相似行为习惯的消费者加以细分、组群,进而根据社群的共性,制作更加个性化的内容并更加精准地推送,极大地提高了营销的投入产出比。四是预测未来趋势,借助特殊的智能算法,AI 首先在数以百万计的数据中,遴选出与企业、行业和消费者相关的有效信息。以此为基础,人工智能将构建一套能够以一定准确率对各种潜在结果进行预估的模型。这个模型虽然不是万能和绝对正确的,却可以有效带来销售和用户数量的双增长。

杨光炜、刘嫣、张晓勇认为智能广告设计技术在未来将成为宣传活动中必不可少的一个工具,特别是在商业领域中应用更加广泛,能够最大限度地满足迅速传播的需求。智能广告设计技术较传统的广告设计方法而言,有高效率、成本低、易使用等一系列的优势,应用后将带来缩短设计周期、简化客户沟通、节省人力资源、降低经济成本、提升管理水平等实际意义。

1.2.2 人工智能对广告产业产生的影响

黄升民认为程序化购买的出现,正在改变广告产业的版图,预计未来三到五年,程序化广告将达到广告市场的 40%—50%,单纯的媒介购买类的公司被取代的可能性比较大。而战略服务、内容营销、创意类的广告公司仍然受到重视,广告公司的服务价值依然得到广告主的高度认可。姚曦、李娜认为智能革命将重塑广告产业生态。在人工智能的驱动下,出现广告产品形态创新、广告生产方式创新、广告产业核心要素的转移、广告产业组织结构创新、广告产业价值链结构的重构、广告人力资源结构转型。廖秉宜认为智能技术在广告传播领域的应用,可以对包括广告调查、广告策划、广告创意与表现、广告文案制作、广告媒介投放、广告效果评估等在内的广告运作流程进行优化与重构。

1.2.3 述评

人工智能在广告产业中的应用尚处于探索和尝试阶段,理论界在 2017 年以后开始关注人工智能广告的问题,相对产业实践而言,理论研究较少且相对滞后,处于概念引入阶段和介绍阶段。目前主要是从概念层面对人工智能在广告产业应用的介绍以及可能的影响等方面探讨,缺乏对产业实践的深入了解与人工智能在广告产业应用的实际情况的准确把握及建立在此基础上的深入研究。这也是本研究的起点,本研究以深度访谈法为主要的研究方法,辅以田野调查法与文献研究法,对利用人工智能技术开展广告业务的公司进行深入访谈和田野调研,把握人工智能技术在广告产业的应用领域、实际应用情况、存在的问题、产生的影响等,在此基础上进行结构化与理论化研究。

1.3 相关概念界定

1.3.1 广告产业

产业是人类经济活动的产物,对产业的认知是一个变动的过程。马克思对产业的界定是建立在相对宏观的角度进行的:认为产业是资本主义商品经济条件下的物质生产部门,对产业的分类采用的是二分法。随着现代产业经济学的兴起,一些经济学家将产业界定为宏观经济与微观经济之间的中观概念,对产业的划分也呈现出不同的标准。一些学者从产品的特性出发来界定,认为产业是从事同类商品生产或提供相同服务的经济体的集合。还有一些学者从供给的角度来界定产业,认为产业是一种企业集合,这些企业用相同的原材料生产或者具有相同的生产工艺、技术和过程。随着经济的发展,对产业的研究越来越深入,在划分上也出现了细分化的趋势。本研究是按照现代产业经济学的观点来理解产业,即产业是指提供同类服务或生产同类产品的企业集合。因此,广告产业指的是提供广告服务的同类企业的集合,即广告公司的集合。

1.3.2 人工智能

智能通常被解释为"人认识客观事物并运用知识解决实际问题的能力……往往通过观察、记忆、想象、思维、判断等表现出来"。[①] 智能是人类

---

① 陈晋.人工智能技术发展的伦理困境研究[D].吉林:吉林大学,2016:6.

区别于其他生物的最主要的特征。自然意义上的智能在人类本体上实现对信息的处理以理解和解决问题，智力的个体差异受制于生物性的特征。技术意义上的智能即人工智能赋予了智力以现代意义，帕米拉·麦克道(Pamela McCorduck)在 *Machine Who Think* 一书中说："某种形式上的人工智能观点，遍布于整个西方知识分子历史中，是一个急需被实现的梦想。"人工智能把人对信息进行处理的能力赋予无生命体或类生命体，是人脑思维的外部化与物化，信息输入输出的对象不再是人类本体，而是实现人机、机机之间的信息处理与反馈，人工智能的目标是走向或无限接近甚至超越人类智力。

现代意义上的智能概念可以追溯到 17 世纪德国数学家、哲学家莱布尼兹关于智能的设想。现代意义上智能的概念经过漫长的孕育进入 20 世纪后才迎来一些具有开创意义的成果，1936 年的图灵机，到 1956 年的夏天达特茅斯会议中，麦卡锡(McCarthy)和洛切斯特(Lochester)使用人工智能的概念(Artificial Intelligence)，此后经历了形成时期、发展时期、人工智能的冬天及繁荣时期。如今人工智能蓬勃发展，在诸多方面超过了人类智力，例如在复杂数学计算处理信息的速度及存储记忆等方面。人工智能的深入给科技和生活带来了巨大的冲击，深刻地影响和改变了物理世界和心理世界。

关于智能的标准问题，即何种意义上可以认为具备了或实现了智能，而后的问题，才是如何实现的问题。目前关于智能的标准存在三种视角：第一种标准源于图灵(Turing)，他在文章中写到，建议来考虑这个问题："机器能思考吗？"表现出了机器在接受和处理信息时能否和人一样具有智力行为；第二种标准来自哈纳德(Hanard)，他认为判断智能的标准应该是是否具有外部的感官能力，即从是否具有类人类的感知这样一种生命体征出发来进行的判断；第三种是施瓦泽(Schweizer)的标准，他认为判断智能的标准应该是语言是否具有社会属性，语言的社会互动性可以作为是否具有人类智力的标准。由此，智能的实现方式也存在众多的路径，目前来看，主要有以下四种。一是符号主义智能学派。该学派认为人类智力最主要的特点在于逻辑思维能力，逻辑思维能力的基本元素是知识，知识可以用符号表示，所以逻辑思维能力的过程是对符号的使用、操作和加工的过程。计算机和人一样都是符号系统，通过模拟人的思维过程能够模拟人的智力。因此，智能的实现方式是模拟以符号为基础的人的智能思维。二是控制论学派。控制论学派也成为行为主义学派,该学派认为人工智能的获得不需要推理,而是逐步进化。人是在不断与环境的交互中具有的智力,并且在交互行为中发展智力,因而智能的实现要从行为上、从与现实世界的交互中获得,从而实现像人类智力那样逐步进化。三是计算机智能学派。该学派认为逻辑思维的能力来源于神经细胞,对人脑的神经元及其连接过程进行模拟就可以对人类的思维进行模拟,从而就具备了人类的智力。因此,该学派用结构研究法来研究脑模型或神经模型。四是群体智能学派。该学派认为人类智力的来源在于群体的分工与合作,是一个系统的过程,表现为整体性。因此该学派以生态系统为出发,模拟群落组织,进而来研究智能获得的问题。

近几年人工智能的研究方兴未艾,向接近人类智力的方向迈进并在不少领域获得了实际应用。目前来看,主要的应用领域有三个方面。一是智能感知。智能感知主要包括自然语言理解和模式识别两个方面。自然语言理解的主要功能是对语言(口头和文字)的生成和理解,并按照需求智能化的应对等。模式识别是模拟人的外部感知能力,使机器(计算机)具有类人类的通过感官接受外部知识、信息,理解外部世界的感知能力。二是智能推理。人工智能引起广泛社会轰动的第一个成果是1997年5月IBM公司研制的"深蓝"计算机在国际象棋比赛中战胜了世界冠军卡斯帕罗夫(Kasparov),之后2016年阿尔法围棋(AlphaGo)在围棋比赛中战胜了世界冠军李世石,这凸显的就是智能推理能力。智能推理包括组合选择、问题求解、定理证明、程序设计、逻辑推理等。这就需要人工智能不仅能够按照要求解决直接的问题,还具有一定的假设验证、逻辑推论等自主思考的能力。三是智能学习。学习是人类获取知识的基本手段,人工智能大师西蒙(Simon)对学习的定义为:学习表示系统中的自适应变化,该变化使得系统比上一次更有效率地完成同一群体所执行的同样任务。智能学习是计算机(机器)获取智能的根本途径。近年来,人工智能在智能学习领域取得了重大的进展,主要包括机器学习、计算智能、进化计算和神经网络等方面。机器学习是当下的研究热点,主要包括以下几方面:对既有的信息进行搜索利用的机械学习;根据示例揭示的输入输出关系进行应用的监督学习;对未知领域进行探索的演绎学习;根据源域获得有用知识的类比学习;解释学习与归纳学习。四是智能行动。智能行动主要是对机器人控制程序的研究，最终的目标是赋予机器以人工生命。智能行动的研究成果广泛应用于日常生活的领域，如机器人、智能控制、人工生命、机器视觉、分布式人工智能与Agent、智能调度与指挥等。

1.3.3 创新生态系统

创新生态系统的理论主流传承于演化经济学，在此基础上又有许多新的发展。演化经济学思想起源于生物学，其中受拉马克（Lamarck）提出的获得性遗传理论和达尔文（Darwin）的自然选择理论的影响较大。较早使用演化思想的经济学家有马克思（Marx）、门格尔（Menger）和马歇尔（Marshall）等，但他们还没有形成系统的演化理论。第一个提出"演化经济学"的是凡勃伦（Veblen），他在《经济学为什么不能是演化科学？》这篇论文里，把达尔文主义的遗传、变异与选择运用到经济领域，他指出"真正的演化必须围绕积累原因的概念，基于基因和自然选择过程的存在，某种行为只能在适当的基因组成的联合中发展"。[①] 凡勃伦也是近代制度经济学的开拓者，他的演化思想对后来的演化经济学有很大的影响。另一位近代制度经济学家康芒斯（Conmans）也将达尔文的理论运用到经济学的分析中。康芒斯主要是分析制度演化问题，他认为制度的变迁是"人工"选择的结果，而不是"自然"选择的结果，这种观点得到了广泛的认同。熊彼特（Schumpeter）也是演化经济学的倡导者，他认为"在经济演化中，竞争与创新是造成经济演化和性质变化的内生力量，其中技术进步和企业家作为创新行为者起了最突出的作用，而技术变迁既是积累性的，也是序列性的"。此后，出现了一大批的经济学者开始研究演化问题，主要有阿尔奇安（Archian）、博尔丁（Bolding）、彭罗斯（Penrose）与哈耶克（Hayek）等，这一时期的演化理论被称为旧演化理论。1982 年，纳尔逊（Nelson）和温特（Winter）著的《经济变迁的演化理论》一书将演化经济学带入一个新的时代。这本书被认为是现

---

① 转引自姚建华.基于企业家创新的产业演化研究[D].广州：暨南大学，2009：3-5.

代演化经济学的奠基之作。他们通过对新古典经济学中的"经济均衡"和"利润最大化"的批判,并且综合了西蒙的"有限理性"理论与熊彼特的创新理论,认为企业的目标不是新古典经济学所假设的"利润最大化"而是追求利润。纳尔逊和温特还认为,从长期来看经济是动态发展的过程,经济的均衡只是暂时的。纳尔逊和温特还按照达尔文的"自然选择"思想,构建了企业研究框架,分析了"惯例""选择"和"变异或新奇的创生"的重要作用。他们认为经济主体的"基因"是"惯性",是经济演化的核心因素。纳尔逊和温特的理论提供了一个演化的分析范式"惯例""变异"和"选择",为现代演化经济学奠定了坚实的基础。创新生态系统理论传承于演化经济学,其中与演化经济有一脉相承的方面,也有新的发展。

1.3.3.1 创新生态系统理论对演化经济学的传承

创新生态系统对演化经济学的传承,体现在两个方面。

一是创新生态系统理论继承了演化经济学的生物学隐喻,这是其理论的核心来源。20 世纪初期的近代制度经济学在解释社会和经济问题时使用了生物进化论的思想,但没有直接使用生物学隐喻。进化生物学在演化经济系统中的广泛使用是在 20 世纪中期,尤其是在 20 世纪 80 年代以后,自此越来越多的演化经济学家将大量生物学隐喻运用到演化经济学中,如基因、变异、选择、复制等,出现了一大批具有隐喻特征的演化经济学文献。创新生态系统理论继承了演化经济学的这一特征。

基因:基因是生物进化论的基础,它能在微观层面上保持相对稳定,同时又能实现代际传递,基因还能发生变异。在演化经济学中,不同的学者对经济系统中基因的理解也各不相同,形成了众多答案。例如,纳尔逊和温特把企业惯例视为基因,而霍奇逊则主张把社会制度甚至整个经济系统都可以看作基因的隐喻。

个体与群体:有机体的多样性在进化论中意义重大。进化生物学认为生物物种不是一成不变的,而是相互之间存在差异性的,所以对个体的研究极为重要,这为群体淘汰提供了依据。群体之所以重要就在于它为群体之间的选择提供了可能性。演化经济学同样秉承了这一思考方法,在创新生态系统中,个体被定义为异质的个体或企业,群体被理解为产业或者其他整体的组织形式。

选择：选择机制和复制机制是达尔文自然选择理论所包含的两种机制。一个包含变异的显型能否被"自然"选择出来并成为最有效的基因传播者，是新物种形成的关键。所以，所有的演化都必须面对的问题就是选择。阿尔奇安、弗里德曼（Friedman）和贝克尔（Becker）认为市场竞争是经济体系中选择机制的核心，纳尔逊和温特认为要重视主体的能动性因素。在纳尔逊和温特看来，营利性的惯例将会被选择出来，而营利性较弱的惯例将会被淘汰。这个选择机制产生的演化从产业层面上来说表现为一个产业中现存惯例的市场份额的改变。

变异：进化生物学认为基因变异是新物种产生的基础，这种变异在经济学中被认为是已有特征的变化，这些已有特征的变化是由经济系统（产业系统）内新奇事物的创造所引起的。所以，演化经济学家将新奇或新事物的出现看作是经济变异，并认为其是经济演化的原动力。对新奇或变异产生的原因，不同的学者有不同的解释：凡勃伦认为新奇或变异源于好奇心；熊彼特则认为经济领域中的变异体现为创新，它源于企业家的创造性欢乐；纳尔逊和温特认为对原有惯例的破坏是变异。

共生：共生又可以被称为协同演化。从现代的进化生物学的角度来看，生物界存在着大量的共生现象，而不是仅仅存在"生存竞争"。

二是创新生态系统理论继承了演化经济学的个体群思维。个体群是演化经济学的分析单位。古典经济学和新古典经济学主要使用的是个体主义方法论，强调从个体的行动、信念、决策来解释社会现象，拒绝将社会科学的分析单元直接建立在组织、阶级、群体和意识形态等超越个体的单位上。任何超越个体的单位必须经由个体分析获得，才能证明其存在的合法性，其核心思想是从个体的规律性来认识整体现象的规律性。

个体群思维（种群逻辑思维）是创新生态系统的核心特征。个体群思维（种群逻辑思维）是对新古典经济学中个人主义方法论的挑战。不同于整体，个体群强调了同一个群体中个体的差异性，因此同一个群体中也存在多样性。群体主义不等同于整体主义。个体群思维并没有忽视群体内部个体的差异性，其所关注的焦点是种群内部特征的多样性，而多样性并不是会掩盖基本事实的无用之物，更确切地说，多样性的广泛分布才是事实。群体是由个体间的互动生成的，不仅包括群体内所有的个体行动，还包括个体间的互动关系。因此,群体选择并不排除个体选择,相反,它是在个体选择的基础上发展起来的,承认个体选择力量,并认为群体内部的个体选择和群体间的群体选择共同构成了演化的动力机制。但这种方法论不是还原主义的,无法将群体选择简单地还原为个体选择。

物种是进化生物学的分析单位,个体群是演化经济学的分析单位,其被视为产业或者其他的经济整体组织形式。因此,演化经济学主要分为演化微观经济学(企业演化理论)、演化中观经济学(产业演化理论)和演化宏观经济学。但是其中最重要和最突出的内容是产业演化理论。对企业演化理论的研究主要是把其作为产业演化理论的微观基础来进行。对宏观演化理论的研究也是基于产业演化理论进行的。

1.3.3.2 创新生态系统理论的发展

创新生态系统理论的主体思想继承于演化经济学,但相较于演化经济学,创新生态系统理论有了新的发展。

一是在创新方面更注重用户导向。冯·希普尔(Eric von Hippel)2005年在《创新的民主化》一书中阐述了用户在创新范式中的重要意义,2012年提出由生产者创新转向用户创新是创新范式转换的重要特征。2012年出版的《挑战新的创新范式》一书指出用户的深度参与将根本性地改变创新范式。

二是更多的生态学理论借鉴。生态学理论的借鉴体现为以更显著的生物学隐喻来表明创新的范式。在演化经济学理论中,人的创新活动类似于生态学原理,因此生物学隐喻能够更深刻地解释创新过程。创新生态系统理论比演化经济学更多、更强地借鉴了生态学的隐喻。在创新生态系统理论中,创新生态系统由物种构成,物种的连接构成群落,物种和群落在共生竞合的作用下动态演化并形成新的创新生态系统。

三是更注重流动过程。创新生态系统中的流动包括物质流、能量流和信息流。物质流包括人、实物等。能量流包括知识、金融等。信息流包括政策、市场信息等。创新生态系统理论借助于物质流、能量流和信息流实现物种、群落及其与环境之间的交换,维持系统的运行及升级。

四是两者理论的目的不同。演化经济学擅长历时性的分析,着眼于过去,主要是探讨在一定的时间跨度内环境选择下物种(产业的)变迁过程、动因等。创新生态系统理论着重于分析在当前的产业生态系统中,以能量流的变迁促进的产业生态系统的升级与变化,着眼于当下与未来,主要是探讨产业生态系统的升级、发展建议等。

1.4 研究意义、对象、方法

1.4.1 研究意义

当下人工智能技术在广告产业中的应用具有颠覆性,改变了广告产业的运作方式与产业生态。对广告产业智能化的研究具有以下意义:

理论意义:相对于已有研究仅从宏观和抽象的概念层面介绍人工智能在广告产业中的应用及对广告产业可能的影响,本研究采用访谈法与田野调查法,聚焦于人工智能技术在广告产业中的实际应用情况、应用程度、对广告产业产生的实际影响,以广告公司的业务流程为基础探讨广告产业的人力资本、产业链、进入壁垒即市场集中度等问题,形成前沿的广告产业理论,力图解释当下的广告产业实践。

实践意义:人工智能技术在广告产业中的运用在世界范围内同时进行,理论探索与产业实践同步进行,产业实践没有国外先进的经验借鉴也缺乏理论指导。人工智能技术在广告产业中的应用对广告产业将产生怎样的影响?广告产业在智能化发展的过程中将面临怎样的问题?如何充分利用人工智能技术加快广告产业的发展,实现智能化升级,促进广告产业效率的提升。本书对这些问题的探讨有助于将中国广告产业提升到一个崭新的层面。

1.4.2 研究对象

研究对象是人工智能技术对广告产业的影响,即广告产业的智能化研究。人工智能技术在应用领域取得成功,在广告的运作上实现了为实现智能化的千人千面的广告洞察、文案、创作、投放与效果应对提供了技术支撑,随着运作上发生的深刻变化,广告产业也随之发生了巨大变化,在广告产业人力资本、产业链、产业进入门槛与市场集中度等都将发生深刻变革。

1.4.3 研究方法

1.4.3.1 访谈法

访谈法是指通过访员和受访人面对面地交谈来了解受访人的心理和行为的心理学基本研究方法。根据访谈进程的标准化程度,可将它分为结构型访谈和非结构型访谈。访谈法是本书采用的主要研究方法。

(1) 访谈对象的选择

在访谈对象的选取上,包括应用人工智能开展广告业务的公司与未采用人工智能的广告公司。应用人工智能开展广告业务的公司中主要访谈的对象分别代表传统 4A 公司、综合服务类的数字营销公司、媒介购买类广告公司。未采用人工智能的公司中主要包括创意类的广告公司(其广告业务无法被人工智能取代)、综合类的传统广告公司(未展开人工智能广告业务的广告公司),以期能了解广告产业智能化转型的全貌。具体包括以下五家广告公司:

电通安吉斯广告公司。电通安吉斯广告公司是日本最大的广告与传播集团。成立于 1901 年,总部位于东京。1994 年,电通集团与中国国际广告公司在北京合资成立了北京电通广告有限公司,正式进入中国广告市场。2013 年,日本广告巨头电通集团花费约 32 亿英镑完成了对英国营销集团安吉斯全部股权的收购。2014 年 1 月,电通集团除日本以外的海外业务电通网络与安吉斯正式合并为电通安吉斯(上海)投资有限公司。电通是中国最大的广告公司之一,也是典型的传统广告公司,更是早期重要的 4A 广告公司。近几年电通探索人工智能技术在广告行业的应用,主要包括数据分析、广告创作与程序化购买,是大型的 4A 广告公司向智能化转型的代表。

利欧数字集团。利欧作为一个以泵产品制造业为主的公司,2014 年以后成功收购了聚胜万合、琥珀传播、氩氪集团、万圣伟业、微创时代、碧橙网络、秀视智能、智趣广告和世纪鲲鹏等多家公司,成为一个以数字营销为主的综合类营销服务集团,截止到 2017 年 6 月,利欧股份 77.4% 的营业收入来源于互联网,制造业仅占 22.6%。目前利欧数字集团是营业额排名前三的数字营销集团。利欧属于综合服务类的数字营销公司。

宏盟集团:宏盟集团总部设在纽约,旗下拥有环球网络公司(BBDO)、李岱艾公司(TBWA/Chiat/Day)、恒美广告(DDB)、凯旋公关(Ketchum)、福来国际传播咨询公司(Fleishman-Hillard)等广告代理商。宏盟集团是全球广告、行销和传播领域的领导者之一,通过其全球网络和下属的众多专业公司在 100 多个国家为超过 5 000 个客户提供广告、战略性媒体计划和购买、直效行销、促销、公共关系和其他专业传播咨询服务。2013 年 4 月 28 日,宏盟集团与法国阳狮集团合并,超越英国 WPP 集团成为全球最大的广告公司。宏盟集团是中国最大的广告公司之一,也是典型的传统广告公司,更是早期重要的 4A 广告公司,近几年电通公司探索人工智能技术在广告行业的应用,其最为重要的智能化领域是程序化购买,是大型 4A 广告公司向智能化转型的代表。

顺为互动:成立于 2012 年,是中国领先的跨屏整合营销服务商,服务范围包括:数字营销策略,创意,数字媒介代理,投放实施,效果监测/优化,搜索引擎优化,数据库营销,社会化媒体内容营销,数字资产优化等,服务内容覆盖数字营销领域的全范围与全产业环节。顺为互动是媒介购买型广告公司,其最核心的业务是程序化购买。

生米组成:成立于 2017 年 8 月,由杰尔鹏泰大中华区首席创意官沈翔与前杰尔鹏泰上海办公室创意合伙人胡惠华等人组建而成。生米组成注重如何使创意为品牌和社会创造共享价值,属于创意类的互联网广告公司。2017 年在戛纳广告节上,生米组成获得铜狮奖。

北京互通联合国际广告有限公司:成立于 1999 年,是一家专业的顾问型综合性广告公司,2003 年 7 月跻身于中国广告综合实力 20 强。主要提供品牌和广告推广服务、主体经营媒体代理、企业整合营销策划、CI 策划、平面设计制作、影视广告和节目制作、大型文化活动策划及组织实施等项目,属于传统的本土广告公司。目前北京互通联合国际广告有限公司主要经营的业务领域仍然是传统领域,未向智能化转型。

(2) 访谈实施

本书采用半结构化的访谈获取研究的第一手资料,在访谈前根据研究问题编写了访谈提纲,访谈的地点均为访谈对象公司,访谈时间为2017年11月至2018年4月,访谈过程进行了全程录音,并转化为文字13余万字。具体的访谈情况是:电通安吉斯公司访谈时长约96分钟,主要访谈的人员是数据主管、技术人员、广告部门人员;利欧数字集团访谈约121分钟,主要访谈的人员是利欧集团总部的技术人员、人工智能技术负责人员,子公司聚胜万合、琥珀传播、氪氪集团的负责人;宏盟集团访谈约90分钟,主要访谈的人员是程序化购买的负责人、客户部人员与文案人员;顺为互动访谈约113分钟,主要访谈的对方是顺为互动负责人及部门负责人;生米组成访谈132分钟,主要访谈的对象是生米组成负责人及项目组负责人;北京互通联合国际广告有限公司访谈约48分钟,主要访谈的对象是公司负责人及客户部负责人。

(3) 访谈对象一览表

表1.2 24位受访者具体情况一览表

受访者	性别	年龄	受教育程度	工作单位	职 位
1	男	42	博士在读	顺为互动	总裁
2	男	38	学士	顺为互动	执行总裁
3	男	29	学士	顺为互动	技术总监
4	男	27	学士	顺为互动	客户总监
5	男	47	大专	生米组成	总经理
6	女	29	学士	生米组成	客户总监
7	男	27	学士	生米组成	创意
8	41	39	学士	利欧集团	技术总监
9	男	31	学士	利欧集团	技术人员
10	女	26	硕士	琥珀传播	创意总监
11	男	31	学士	聚胜万合	客户总监
12	女	28	硕士	氪氪集团	文案

续　表

受访者	性别	年龄	受教育程度	工作单位	职　位
13	男	29	学士	利欧集团	项目主管
14	男	37	硕士	电通安吉斯	安索帕技术总监
15	男	33	硕士	电通安吉斯	安索帕客户经理
16	女	24	硕士	电通安吉斯	广告部客户
17	女	25	学士	电通安吉斯	设计
18	男	50	博士	互通国际广告	董事长
19	女	31	大专	互通国际广告	客户总监
20	女	25	硕士	互通国际广告	广告创意
21	男	41	学士	宏盟集团	总监
22	男	32	学士	宏盟集团	技术部负责人
23	女	27	硕士	宏盟集团	客户
24	女	29	硕士	宏盟集团	文案

1.4.3.2　田野调查

为更深入具体地了解研究对象,获取更为真实的研究资料,对访谈法进行弥补,本书采用田野调查法作为重要的补充,通过对广告公司日常运营的田野调查,研究广告产业智能化的问题。

（1）调查点的选择

根据访谈法的初步了解,选择电通安吉斯广告公司、顺为互动与生米组成。电通安吉斯是传统的4A广告公司向智能化转型的代表,对其田野调查的主要目的是了解人工智能的具体应用情况、对传统广告业务产生的影响等问题。顺为互动为综合型的数字营销公司,其主要业务内容为媒介代理即程序化购买,对其进行田野调查有利于研究人工智能在中型的数字营销公司中的作用的发挥、意义及影响。生米组成是创意型公司,对其田野调查的目的是了解人工智能无法渗透的广告环节（创意）,进一步研究广告产业的智能化问题。

（2）调查实施

田野调查的时间为：电通安吉斯 10 天、顺为互动 7 天、生米组成 7 天。电通安吉斯所在的田野调查部门为安索帕子公司的数据部，顺为互动为客户部，生米组成为项目组 2。在田野过程中，形成田野日志 3 万字。

1.4.3.3　文献研究

文献研究也是本书采用的重要研究方法。关于访谈提纲的形成、广告产业的发展历史情况、广告产业智能化研究相关文献、创新生态系统理论等方面主要采用文献研究的方法完成。

广告产业智能化的研究视角：创新生态系统理论

2.1 创新生态系统理论

2.1.1 创新生态系统理论的提出与发展动因

2.1.1.1 创新生态系统理论的提出

20世纪50年代至今，美国硅谷高新技术产业展现了极大的发展活力，无论是半导体、微电子、软件还是新的网络技术产业都保持了极大的可持续发展活力，苹果、谷歌、思科、英特尔、脸书等具有世界引领意义的高新技术公司不断涌现，产业更迭与创新始终处于世界先进水平。美国硅谷地区高新技术产业的快速发展引发了人们对硅谷成功原因的关注。学者、官员、企业家都试图找出硅谷成功的模式和路径，产生了大量的研究成果。1994年出版的《区域优势：硅谷和128号公路的文化和竞争》提出，以网络为基础的地区性产业体系是硅谷的优势，硅谷内企业间协作竞争、开放学习的网络关系是关键。2000年出版的《硅谷优势：创新和创业的栖息地》认为，硅谷为企业提供了类似于自然界动植物栖息地一样的环境，硅谷内的企业有着互相依存、互相竞争的复杂、动态的关系。这两本书体现了硅谷的环境优势，显现了对生态学的应用。学界的研究引发了政府对硅谷的关注，2003年美国总统科技顾问委员会在学界前期研究的基础上，正式提出"创新生态系统"这一核心概念，并在2004年编制的《维护国家的创新生态体系、信息技术制造和竞争力》和《维护国家的创新生态系统：保持美国科学和工程能力之实力》报告指出，要从创新生态视角认识美国的创新问题。① 2005年，美国竞争力委员会形成《创新美国：在挑战和变革的世界中实现繁荣》，该报告正式提出创新生态系统的概念并指出创新生态系统是市场竞争和创新的新范式，创新生态系统驱动技术、人才发展进而驱动产业发展，创新生态圈将成为企业、产业、区域、国家生存和发展的基础。

2.1.1.2 创新生态系统兴起和发展的动因

技术—经济范式的变革是创新生态系统形成和发展的物质技术基础和根本动因。② 演化经济学认为：在第五次经济长波的下行阶段，交叉融合是科技进步的主要动力，技术进步在交叉融合的作用下体现出群落演替和系统涨落的特性，在技术推动产业变革上体现出网络化、服务化、智能化等趋势。总体而言，技术推动经济范式的转换是创新生态系统兴起和发展的动因。

2.1.2 创新生态系统理论的内涵与基本构成

2.1.2.1 创新生态系统的内涵

创新生态系统理论是以生态系统隐喻经济系统来揭示创新过程。创新生态系统是系统内的企业为了应对外部的不确定性与挑战，以知识创造为核心，与利益相关的个体、群体共同作用与影响，形成基于技术、制度演化的动态、共生、可持续发展的"生命"系统。可见，创新生态系统既可以是一个地理空间，也可以是一个基于价值链和产业链的虚拟网络。

2.1.2.2 创新生态系统的基本构成

创新生态系统强调三方面的组成，即创新组织、创新网络与创新环境，创新要素的流动、创新组织与创新环境的互动融于其中。

创新组织。创新组织是创新生态系统中的主体，不同的学者对创新生

---

① 刘雪芹,张贵.创新生态系统：创新驱动的本质探源与范式转换[J].科技进步与对策,2016(9)：1-6.

② 李万,常静,王敏杰,朱学彦,金爱民.创新3.0与创新生态系统[J].科学学研究,2014(12)：1761-1770.

态系统中的创新组织认识不同。基于创新过程中不同主体的作用,朱迪·埃斯特琳(Judy Estrin)认为创新生态系统中的主体包括研究、开发和应用三种群落;美国总统科技顾问委员会的报告《创新生态中的大学与私人部门研究伙伴关系》认为创新生态系统中的主体包括政府、基金会、产业界、学术界及行业组织;克里斯托夫(Christoph)认为创新生态系统包括客户、中介组织、创新平台提供者、创新服务提供者;自然生态视角认为创新主体包括所有的创新相关者,既包括核心企业,也包括供应商等合作企业、竞争企业、客户、金融机构、高校、研究院所、政府等。创新相关者都会发挥各自的作用,起核心作用的是企业、政府、科研机构三类主体。

创新网络。创新网络指的是创新主体之间不再局限于线性的、链条式的联系,而是基于创新的需要形成动态结构的多层次的网状的创新联系。在创新网络中,创新组织在合作、竞争、学习中进行着物质循环、能量交换和知识传递。在这种复杂的商业、技术的联系中,核心组织的重大技术进步可能会带动整个网络组织成员的技术跟进,创新网络中颠覆式创新的出现可能会改变生态位与创新联系,重构创新生态环境。存在于创新网络中的创新组织之间的联系是复杂的、动态的,又是相互依存、相互制约的。

创新环境。霍尔认为,对于一个组织来说,环境是全部客体的集合,客体特性的改变会影响整个系统,同时系统行为也会影响客体特性。[①] 在创新生态系统中,创新环境是创新组织的外部环境之和,包括自然环境、人文环境、经济发展环境等。创新生态系统理论强调环境与创新主体间的互动,良好的创新环境能够成为创新主体的栖息地,促进创新主体的诞生、成长。

2.1.3 创新生态系统的特征

多样性与鼓励"杂草"。多样性是创新生态系统赖以生存、发展、繁荣的基础,是创新不断迸发的前提。创新生态系统不仅需要有影响力和控制力的主导型企业,还包括小微企业;不仅包括相同的企业,也包括价值链和产

---

① 刘雪芹,张贵.创新生态系统:创新驱动的本质探源与范式转换[J].科技进步与对策,2016(9):1-6.

业链上的相关企业,甚至包括酒吧、咖啡馆等。物种越多,基因库越丰富,创新行为发生的可能性就越大。在创新生态系统中,被否定、压抑或阻碍的创新力量与研究领域可能是最具有颠覆性和活力的。因此在创新生态系统注重环境激发创新的作用,鼓励被视作"杂草"的新奇的创新与技术的自由生长,鼓励新事物的产生。

竞合共生与协同增值。摩尔(Moore)认为创新生态系统内企业间存在一种"竞合共生"关系,而不仅仅是竞争或合作,因为单一的竞争或合作战略都无法使企业有效应对变换的经济环境和外部挑战。[①] 创新生态系统内的创新主体间既有激烈的竞争也有大量的合作,最终形成相互依存、相互制约,深度融合、互惠互利的共生体,推动创新生态系统的共同演化与协同增值。

社会关系网络与创新传导。在创新生态系统中,关系网络不是围绕单个企业为中心节点建立的主导型网络,而是分散型网络,网络中的主体间可以便捷地交换信息、建立合作。创新传导机制包括物质流、能量流、信息流的传导,保持创新传导,促进创新主体对偶发事件、经济波动和技术浪潮保持灵敏的感知力和转化力,及时识别有潜力的发明和创新。

动态演化与自我革新。随着能量流、知识流的变化,创新生态系统不断演化,结构、规模、内容、特征和行为都会发生变化,通过创新、扩散、市场选择完成自我革新,从有序走向无序再走向有序的更高的网络系统,从低层次的创新组织走向高层次、高势能的创新组织。创新生态系统的演化动力来自两个方面。一是外生的动力。这种动力来源于系统的外部,当重大技术突破、新的经济模式等出现时,原有的技术、产业、组织模式失去竞争力,原有的创新可能走向衰落,也可能突破自我走向更高的层次。二是内生的动力,即来自创新生态系统内部的动力,这种动力来自内部技术的更新、对利润的追求等原因。在内生动力的驱使下,创新主体不断地进行创新活动,新技术、新产业不断涌现提升原有的技术和产业。在创新的动力下完成创新生态系统的自我革新。

[①] 梅亮,陈劲,刘洋.创新生态系统:源起、知识演进和理论框架[J].科学学研究,2014(12):1770-1781.

开放性与外部协同。创新生态系统不是鼓励封闭的"生态圈",而是广泛联系起来。在开放的环境中,新的创新组织不断移入,促使创新生态系统不断发生着竞争、演替,甚至系统的整体性涨落。同时,创新生态系统与外部保持着密切联系,创新主体逐渐突破地理边界、业务边界,进行创造性累积、创造性破坏或根本性创新。由此,平台型、主导型创新主体的竞争从单个主体的竞争演变为创新链、产业链与价值链的竞争。

2.2 广告产业创新生态系统

2.2.1 广告产业是一个创新生态系统

创新生态系统既可以是一个地理空间,也可以是一个基于产业链和价值链的虚拟网络。广告产业是一个基于产业链和价值链的虚拟网络创新生态系统。广告产业的发展是创新组织在外部环境持续变化的条件下,产业内部自适应和创新的动态过程。外部环境对作为整体的广告产业具有选择作用,广告产业环境又是次选择环境对产业组织发挥着选择作用。广告产业组织也不是完全被动地等待选择的发生和选择的结果,也有着主观能动性,这种主观能动性就是自我革新。广告产业创新生态系统由三部分组成。

(1) 创新组织即广告公司。创新组织是创新主体,在广告产业中主要指的是产业组织即广告公司。为应对市场的变化和挑战,广告公司以知识创造为核心,与利益相关的公司、产业、产业集群共同作用与影响。这些广告公司具有异质性,包含综合服务公司、媒介公司、创意公司、传统广告公司等核心主体,还包括产业链上的技术公司、数据公司、监测公司、咨询公司等供应链的利益相关者,更包括媒介、广告主等与广告相关的组织形态。这些创新组织相互交叠,形成螺旋结构,推动广告产业创新系统螺旋式上升。

(2) 创新网络即广告产业关系网络。在传统的媒介环境下,广告产业形成了广告主、广告媒介、广告公司线性的产业链。随着人工智能技术在广告产业中的应用,传统产业链受到极大的挑战,形成错综复杂的动态的关系网络。在创新网络中,广告公司在合作、竞争、学习中进行着物质循环、能量交换和知识传递,形成相互依存、相互制约的网络。

(3) 创新环境即广告产业环境。广告生态系统的创新环境指的是广告产业组织生存和发展的自然环境、社会人文环境、经济发展环境(包括技术环境与制度环境),具体包括市场、技术、人才、制度、政策、资本、法律、消费者等因素。人工智能技术在广告产业的应用改变了广告产业的环境,促进了广告公司新技术和新成果的涌现。另一方面,广告公司吸引更优秀的来自计算机等领域的人才、研发更先进的技术、吸收丰厚的资本,改变了环境的特性。

2.2.2 技术—产业范式的变革:广告产业智能化原理

广告产业智能化发展表现为"技术—产业范式"的变革。智能广告在2012年已有端倪,表现为程序化购买(DSP)、竞价(RTB)等技术已经广泛应用,数据分析管理(DMP)技术的不断完善。2016年以后,随着人工智能技术在广告产业中应用的不断探索,在广告产业的其他领域逐渐取得成功。2016年阿里智能实验室的AI鲁班设计系统将人工智能应用在广告设计领域,其为2016年的"双11"设计并成功运用了1.7亿张海报,同时商品的点击率提升了100%。2017年再为"双11"设计4亿张海报,约等于每秒8 000张,如果全靠设计师人工来完成,假设每张图需要耗时20分钟,需要100个设计师连续做300年。利欧股份将人工智能应用在广告文案写作领域,以期提升广告文案写作的效率。2016年,宏盟集团将人工智能应用在消费者深度洞察、自然语言处理和异常流量＋可视曝光量等领域,电通安吉斯公司开始使用人工智能技术大规模创作广告并应用于真实案例,筷子科技对广告创意生产进行智能革新,聚胜万合(media V)进行广告程序化投放的智能变革。随着人工智能技术在广告产业应用的深入,产业生态发生颠覆性变革。"人工智能技术—产业"范式的变革是广告产业智能化的原理。

2.2.3 广告产业创新生态系统的特征

广告产业的多样性。多样性中包含着异质性,即一个产业或个体群的成员是异质的。从异质性原因的角度来看,异质性的来源是创新,这创新包括了激进式的创新与渐进式的创新,创新产生不同形态的产业组织类型。从历时性上来看,广告产业的多样性是一个累积的过程,即新的产业形态不断产生,部分旧的产业形态仍然存在。从共时性上来看,广告产业也存在着多样性,传统广告公司、数字营销类全案代理公司、媒介型广告公司、创意公司等各不相同。

广告产业竞合共生与协同增值。广告产业创新生态系统内的企业间存在着"竞合共生"关系,产业内不同的企业之间存在着激烈的竞争,也存在基于不同比较优势的合作。比如数据公司与综合性代理公司、媒介类型公司与创意类公司的合作,这种合作建立在互利互惠、彼此依存的前提下。不同于独立演化与发展,这种竞合共生在资源、能力、产品与技术的互补上,促进了整个广告产业生态的协同增值,创造出了单个广告公司无法产出的价值,推动了整个生态系统的协同发展。

广告产业网络关系。在广告产业创新生态系统中,产业链或价值链不是围绕单个企业而建立,也不是纵向的分工关系,而是彼此间形成网状的节点网络。围绕产业内的不同分工,形成专业、技术、知识等能力体系不同的分工。从广告市场的角度,广告产业的网络关系包括广告主、广告公司、广告媒介的线性关系,此外还形成了多种多样的其他类型的网络关系。例如:基于传统广告公司与媒介购买公司(程序化购买)公司的合作,广告公司与技术公司、数据公司合作等关系网络。

广告产业的自我革新。随着信息流、能量流与物质流的不断变迁,广告产业创新生态系统的结构、规模、内容、行为、特征都会不断发生变化,趋向从低水平、低势能向高层次、高势能的产业状态演化。人工智能的应用革新了广告环境,广告主的定制化智能生产、广告媒介的数据化智能化、消费者消费的个人化智能化都对广告提出了智能化的要求。因此,智能化发展是广告产业在人工智能驱动下追求高质量发展的主动选择,也是环境的适应性压力带来的反应性行为。人工智能驱动的广告产业的自我革新既是人工智能技术作为外生动力的促进,也是广告产业追求效率提升的内生力量的结果。

广告产业的开放式协同。广告产业的创新生态系统不是孤立封闭的"生态圈",而是广泛联系起来的。在开放的产业环境中,不同类型的产业组织不断地移入产业内部,比如数据公司、技术公司、咨询公司不断打破边界进入广告产业;广告公司也发生业务边界的移动走向咨询公司、销售代理公司,促使创新生态系统不断竞争、群落演替,形成系统性的整体涨落。在开放式协同中,广告公司逐渐突破业务边界,形成新的创新链、产业链和价值链,平台型或主导型广告公司的竞争转换成产业链、价值链的竞争。

2.3 基于创新生态系统的广告产业智能化分析思路

创新生态系统理论通过物质流、能量流与信息流实现产业内部产业、产业子系统、子系统之间与环境之间的物质、能量与信息的交换。作为能量的知识、技术对创新生态系统的运行发挥着主导作用,创新生态系统主要是以更为顺畅的能量流来促进创新的价值实现。人工智能技术促进广告产业生态系统的运行与升级,体现着能量流对生态系统的主导作用。根据创新生态系统的内涵、特征,广告产业智能化分析主要包括三个方面。

2.3.1 创新组织研究:人工智能技术驱动下广告公司主导惯例(业务流程)

继承于演化经济学的创新生态系统理论,个体群思维(种群逻辑思维)是创新生态系统的核心特征,对异质的个体的研究主要是将其视为产业分析的微观基础。纳尔逊和温特认为,从长期来看经济是动态发展的过程,经济的均衡只是暂时的。纳尔逊和温特还按照达尔文的"自然选择"思想,构建了企业研究框架,分析了"惯例""选择"和"变异或新奇的创生"的重要作用。他们认为经济主体的"基因"是"惯例",惯例是演化的核心因素。在纳尔逊和温特看来,营利性的惯例将会被选择出来,而营利性较弱的惯例将会被淘汰。这个选择机制产生的演化从产业层面上来说表现为一个产业中现存惯例的市场份额的改变。

人工智能技术驱动下的创新组织研究最为重要的内容是对人工智能技术在广告公司中应用引起的主导惯例的研究。广告公司的惯例直接对应的是广告公司的业务流程。广告公司的业务流程又包括了业务环节和业务过程,是广告公司营利性的来源,是产业演化的核心因素。人工智能技术在广告产业中的应用解构了传统形成的业务流程,导致了主导惯例发生变迁。这是产业智能化变迁的微观基础。

2.3.2 创新网络研究：人工智能技术驱动下广告产业的创新传导与关系网络

在创新生态系统中,群体是由个体间的互动生成的,不仅包括群体内所有的个体行动,还包括个体间的互动关系,基于群体内部的个体选择和群体间的群体选择共同构成了生态网络。在广告产业创新生态系统中,产业链或价值链不是围绕单个产业组织而建立,也不仅仅是纵向的分工关系,而是彼此间形成的网状网络。

在广告产业智能化的过程中,在创新网络中以技术为核心的能量流、以人才为核心的知识流等要素在网络中流动,形成了创新的传导。在网络关系中,既包括广告主、广告公司、广告媒介的线性关系,也包括多种多样的关系网络。例如去乙方化形成广告主与广告媒介的直接关系,传统广告公司与媒介购买公司的业务合作,广告公司与技术公司、数据公司的业务支持,广告媒介自建DSP后与广告公司的多种合作形成等。最终,广告产业智能化的关系网络体现为基于价值变化的多样性关系网络。

2.3.3 创新环境研究：人工智能技术驱动下的广告产业涨落

个体群思维是创新生态系统继承于演化经济学的核心特征。个体群不同于整体,是有差异性的个体,整体也不是还原主义的整体,创新环境指的是产业环境。人工智能技术的应用促进了广告产业创新生态系统的动态演化与自我革新,广告产业螺旋式的上升与协同发展。产业涨落指的是创新主体的数量、密度、市场份额、主导形态的变动情况,产业的进入壁垒与市场集中度是体现产业涨落的关键因素。因此,人工智能技术驱动下的广告产业涨落研究以产业的进入壁垒与市场集中度为着眼点来进行。

3 环节与过程的重组：广告公司业务流程的智能化

迈克尔·波特认为现代企业在本质上是一个为最终客户需求而设计的一系列作业活动或业务流程的集合，是一个以最终满足外部客户需求为导向、由内到外联结在一起的作业链。① 人工智能技术在广告中的应用最为直观的表现是对广告公司业务流程根本性的彻底的重组。

3.1 广告公司业务流程重组的内涵

3.1.1 业务流程的含义

《牛津英语大字典》对"流程"的定义是："水流的路程，各项工序安排的程序。"迈克尔·哈默（Michael Hammer）认为业务流程是把一个或多个输入转化为对顾客有价值的输出活动。一项任务的基本组成元素就是构成流程基本活动的那些活动，而一项活动和职能就是在提供一项服务的过程中所必须执行的一个工作步骤。② 哈默和詹姆斯·钱皮（James Champy）把相互联系、彼此影响、有前因后果关系、有投入和产出的一系列事务，称为一

---

① （美）迈克尔·波特.企业行动纲领[M].赵学凯译.北京：中信出版社，2002：25-28.
② 许红.中国企业业务流程重组关键成功因素[D].厦门：厦门大学，2009：11-13.

个流程。① 达文波特(Davenport)认为业务流程指的是一系列结构化的活动结合,这些活动为市场或客户产生特定的输出。

表 3.1 业务流程的其他定义

作 者	定 义
贝克尔(Becker)等人	流程是一系列完全闭合的、适时执行的、有逻辑性的活动,它服务于以流程为导向的业务对象
谢尔(Scherr)	业务流程是由一系列相关活动组成的,并按照一定的先后次序发生的,具有某种特定输出的业务过程
卡普兰(Kaplan)和默多克(Murdock)	业务流程是一系列相互关联的活动、决策、信息流和物流的集合
米切内尔(Michael)	业务流程是有组织的活动,这些活动是相互联系的,并能为客户创造价值的效用

可见,不同的定义关注的重点不同。但总体来看,"流"指的是过程,包括物质、信息、能量的流动过程,"程"指的是程序、环节,即业务流程包括两个部分,一是业务环节,二是业务过程。

3.1.2 业务流程重组

在 20 世纪 80 年代,随着信息化和全球化的冲击,技术不断更新,企业间的竞争不断加剧,原有的根植于亚当·斯密(Adam Smith)的劳动分工理论的企业管理模式无法适应新的环境,业务流程重组的概念在这种情况下应运而生。1990 年,迈克尔·哈默在《哈佛商业评论》提出业务流程重组的概念。1993 年,迈克尔·哈默和詹姆斯·钱皮正式对业务流程重组作出如下定义:"是对企业的业务流程作根本性的思考和彻底性重建,其目的是在成本、质量、服务和速度等方面取得显著性的、戏剧性的改善,使得企业能最

---

① (美)迈克尔·哈默,詹姆斯·钱皮.企业再造:企业革命的宣言书[M].王珊珊,胡毓源,徐荻洲,译.上海:上海译文出版社,2007:35-40.

大限度地适应以顾客、竞争、变化为特征的现代企业经营环境。"①

根据上述定义,业务流程重组的特征可以总结为根本性、彻底性、戏剧性及业务流程四个方面。根本性指的是在业务流程重组中,企业对自身经营做出根本性的调整。彻底性意味着对原有流程的彻底更新与根本改造,而非简单的调整。戏剧性指的是业务流程重组的目的是大幅度的业绩显著增长,而非渐进式改善。业务流程重组的核心是"过程"观点和"再造"观点,前者指整合具体业务活动,在界限分明的各个不同职能的部门之间实现,重组管理作业的流程;后者则是通过对旧有的按职能形成的管理流程予以摒弃,以顾客需求为导向再造新的流程。②

3.1.3 广告公司业务流程智能化重组的内涵

根据业务流程的定义,广告公司的业务流程指的是通过对相关内容的输入转化为对广告主有价值的广告信息的输出活动,包括业务环节和业务过程两个方面。具体来看,广告公司的业务流程包括消费者分析、策划创意、创意创作、媒介投放与效果评估与应对等环节及业务的过程。

消费者分析是广告活动的开端环节。20 世纪 30 年代,乔治·盖洛普(George Gallup)开始将消费者调查引入广告业。20 世纪 60 年代开始,大型的广告公司开始研发消费者分析工具,之后,各大公司开始建立消费者数据库用于消费者分析,使广告活动更有效。

策划创意是广告公司业务流程的核心价值。自现代广告业诞生以来,创意就是核心价值。在 20 世纪 60 年代美国广告业进入创意革命时代,甚至出现了"创意为王"的理念。至今创意能力仍然是广告公司难以模仿的核心竞争力之一。

创意创作是对策划创意的显现,也正是因为创意制作的重要性,早期广告公司的人员大多数来自记者、作家、画家等人员,创意制作主要包括文案

---

① (美)迈克尔·哈默,詹姆斯·钱皮.企业再造:企业革命的宣言书[M].王珊珊,胡毓源,徐获洲,译.上海:上海译文出版社,2007:35-40.
② 徐军华.高校图书馆业务流程重组的模式研究[D].武汉:武汉大学,2012:23-26.

能力、设计能力与视频制作能力。

媒介投放包括从媒介策划到媒介购买,是广告作品与消费者的接触点,是影响广告效果的重要环节。由于传统媒体媒介排期的原因,媒介投放一般是按季或按年进行,具有长期性,因此要求媒介投放人员具有较强的判断力与策划力。

效果评估与应对是一次广告活动的总结也是下一次广告活动的开端。广告效果评估既包括广告促进销售额增长等量的效果,也包括知名度、美誉度、忠诚度提升等质的效果;既包括对卖点、创意的评估,也包括对投放媒介的评估。传统的广告效果评估具有滞后性,也无法准确地发现问题。

由此,广告公司业务流程的智能化重组指的是,人工智能技术在广告中的应用引发的广告公司业务流程根本性的思考和彻底性的重建,主要包括消费者分析、策划创意、创意制作、媒介投放与效果评估与应对等方面的环节和过程的根本性思考和彻底性重建,目的是在向广告主提供服务时降低成本、提升质量、加快速度等方面取得显著性的改善,使得广告公司能够最大限度地满足广告主,赢得市场竞争的需求。

3.2 广告公司业务环节的智能化重构

广告公司的业务环节包括了消费者分析、策划创意、创意制作、媒介投放及效果评估与应对等方面,人工智能在广告中的应用对这些环节进行了重组。

3.2.1 非结构化数据的处理与数据实时获取:消费者分析智能化

传统媒体时期消费者分析依靠问卷调查、访谈等小样本数据和广告从业者的职业敏感度与经验。大数据时代可以通过海量数据的萃取做人群分析,比如通过建模去做关联、回归、聚类的分析。来自电通安吉斯的14号受访者:

其实这一部分涉及人工智能的东西还不多,这个主要是做人群分析、市场反应，比如说要通过建模去做关联分析、回归、聚类，这是统计范畴，还不是人工智能。人工智能在这个地方是运用一些技术，起到的作用是把一些本身不太能分析的数据转化为能分析的数据，这个是我们做的事情。

人工智能在消费者分析的领域更进一步，把非结构的数据，之前无法分析的内容比如图片、视频、音频等解码分析。通过人工智能的自然语言处理与数据预处理技术使图片、视频、音频等转换成可分析的内容。来自电通安吉斯的14号受访者：

通过更多的非结构化数据，比如收集一个人晒的图或者说的话，以及搜集到他的视频。现在通过AI技术，其实是一个解码的过程，把他标准化为我们常规得到、便于后面分析的数据，然后再往后做。比如说我通过图片、视频，可以知道这个人是男的女的，我就不需要问卷了，他大概几岁、他大概是什么风格的人、喜欢穿什么色系的衣服、喜欢吃什么东西。包括小游戏时他留下的一些音频，音频转化成声音以前比较困难，现在当然通过讯飞的接口很快就能做到了。中文比较多样化，要把一些中文描述的内容变成可以分析的内容，这是自然语言处理的数据预处理过程。我们在这块是研究比较深的，所以能够从声音里面，并不是只知道声量（social listening）比如谈话中XP电视大家谈到多少次、正面负面是怎么样的、最多的次频是怎么样的，现在能够对比较深层的语义进行理解，知道它好在哪里，差在哪里，对它的感觉怎样。

人工智能在消费者分析中的应用是对大数据的进一步深化。人工智能对数据解码，分析数据中隐含的信息。例如，消费者在朋友圈晒的图片，如果晒的是菜品，可以通过智能算法识别、判断菜名、菜的口味。没有人工智能技术，就不能深刻地去理解数据背后的含义。在电通的实际操作案例中，一家食品连锁餐饮企业要求分析华南地区销售量低于其他地区的原因。电通公司通过对微博或大众点评的饮食图片的识别分析，分析广东人在不同时间段的饮食习惯，最后总结销售量低的原因。在消费者只发图或者图文不匹配的情况下，只有通过人工智能才能处理这些非结构化的数据。来自电通安吉斯的14号受访者：

应该说大数据可以借助人工智能的一些方法把数据挖掘出更多的、原来看不到的内涵。比如通过图片识别微博上的人大概多大年纪，因为微博上大家自己填的年龄可能是假的,也可能是随便填的,99 岁之类的。他晒的图如果是自拍,就比较确定了。还有情感热力图,通过他的文本,可以用 NLP 的方式知道他可能是哪种、哪方面的情绪。视频,目前也是可以的,就是计算量比较大。我们视频还能做相似视频的聚类分析,就是同一个视频的识别。

人工智能用于消费者分析的另一方面在于信息实时获取。例如将嗅探放置在商场或自动售货机,就能够获取这个消费者相关的实时消费信息。来自电通安吉斯的 14 号受访者:

比如在自动售货机上拿东西,这就和无人电视一样,具体的还可以知道他的 ID 是多少,拿的是可乐还是别的,多大容量。

3.2.2 基础设计的替代:广告设计的智能化

2016 年阿里智能实验室的 AI 鲁班设计系统将人工智能应用在广告设计领域,其为 2016 年的"双 11"设计并成功运用了 1.7 亿张海报,2017 年再为"双 11"设计 4 亿张海报。此前广告设计主要是依靠人力完成,占据了大量的时间,人工智能技术在广告设计中的应用使设计智能化逐渐走向可能。

3.2.2.1 人工智能应用于广告设计的领域

一是人工智能运用于基础风格设计。当下人工智能在广告设计运用较为可行的是风格设计。通过对风格比如夏日风格、梵高风格、地中海风格等风格的机器学习,由人工智能来完成包装设计或平面设计,从时间上来看,几秒钟就能达到生成几千张的效果。之后配合设计人员的精修来达到预期的效果。图 3.1—3.5 为电通展示的人工智能用于风格设计的案例,将卡通风格用于某款饮料的包装上,最终用于夏日促销包装的设计。关于智能化风格设计在平面和视频设计中的应用,来自电通安吉斯的 14 号受访者:

怎么样用 AI 生成图片,目前为止在这一块的应用很多的是风格转移,它并不是一些原始素材的生成,它还不能凭空去生成图片。我把梵高的风格应用到某一张图,它就变成一个大师的风格,或者水墨画的笔触去做,或者印章、剪纸风格。那比较强的一些风格可以应用在现有的图画上,可以很快地把原始的图变得比较有艺术感。

图 3.1　广告设计智能化案例(妖怪手表第 1 步：品牌元素导入)

图 3.2　广告设计智能化案例(妖怪手表第 2 步：风格导入)

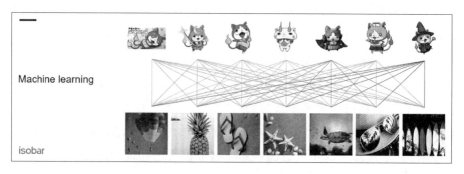

图 3.3　广告设计智能化案例(妖怪手表第 3 步：机器学习)

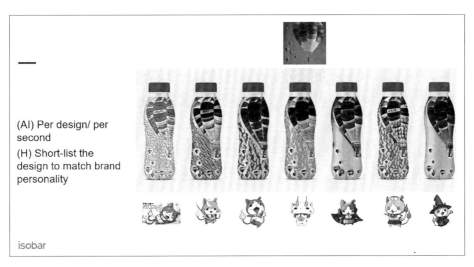

图 3.4　广告设计智能化案例(妖怪手表第 4 步：智能风格设计)

图 3.5　广告设计智能化案例(妖怪手表第 5 步：智能设计完稿)

二是人工智能应用于基础商业平面设计。人工智能应用于基础商业平面设计较为成熟的是海报设计、logo 设计、VI 设计等。2016 年以来阿里智能实验室 AI 鲁班设计系统为"双 11"设计的海报即为基础商业平面设计。来自顺为互动的 1 号受访者：

这种(海报、VI 等)简单的劳动力密集型设计，人工智能完全没有问题。

三是人工智能运用于设计处理。人工智能还能够应用于平面或视频的

设计处理,比如素材填充、素材合成、素材替代、素材抠图、背景消除等。来自电通安吉斯的14号受访者:

通过人工智能可以把素描图片直接做得像照片一样,比如这个猫(ppt展示)本来是一个素描,机器学习了很多和猫有关的图画,也就是"喂"很多数据集,最终就呈现出来了。再比如阿凡达和蒙娜丽莎的结合,这个(ppt展示)是把蒙娜丽莎变成了阿凡达,这个是把阿凡达变成了蒙娜丽莎。像进度条一样,一头偏向阿凡达,一头偏向蒙娜丽莎,中间是过渡形态。

视频这块可以做的:一是把背景去掉或者把一个人抠掉,原来可能要很耗工时,现在用机器来做的话,可以很快做完,在节省人力方面是可以的;二是素材替代,比如给你看的这个视频(视频资料展示),把一只奔跑的马换成斑马,这都很容易。

3.2.2.2 人工智能应用于广告设计的特点

一是从结构化设计向灵活设计的过渡。从结构化设计向灵活设计的过渡是当下人工智能技术应用于广告设计的重要特点。早期的人工智能设计对输入图像的结构化要求较高。比如产品图片必须是白底或透明底的,必须有四面照,即正面、顶面、侧面、斜面,这导致智能设计无法满足广告主的需求,也无法做到褪底和主要元素的识别。随着新算法的突破,人工智能不但可以识别、褪底出图像中所有的元素,还可以判断哪个元素是图片中的主要元素,更为灵活。来自利欧的8号受访者:

其实我们自己原来也做过图形图像的自动化拼装助手,我们那个产品叫"创意助手",然后一直被客户吐槽做出来的太low了,就是长得特别难看,因为当时为了规避图形图像识别的难度,强制要求产品图片必须是白底的或者是透明底的,而且必须得有四面照,就是正面、顶面、侧面、斜面,必须得有这些东西,结构化程度非常的高。但是对于图形图像设计来说,广告主的要求是必须得灵活,因为图形图像设计涉及艺术,艺术一定要灵活,一定要充满各种元素的组合,那这个对于当时的我们所能够掌握的算法和机器是完全做不到的。所以我们后来就放弃了。

目前,几个人工智能"大神"提出了新的算法,不但可以识别出、褪底出图像中的所有元素,还可以判断出哪个元素是这个图片中的主要元素,这是广告业非常重要的一件事情。就是说在一幅海报中谁是画面的主体信息,这个是最重要的。这种算法如果提出来的话，就意味着广告业在图形图像海报设计方面在理论算法上是可以的。

二是设计批发。标准化设计的批发是当下广告智能设计的另一特点，对有明确要求的硬广告，比如 banner 广告里面有具体的产品信息、优惠信息等简单明确设计要求的设计，人工智能能够简单快速地完成。来自顺为互动的 1 号受访者：

> 天猫的设计在我们行业来看，有点像批发。所谓批发是什么概念？天猫里面的设计，它的图案需要体现的是产品信息、优惠信息，其中包含价格、优惠时段、哪家店铺，这些信息是非常标准化的，可以被批发批量产出的。这种如果拿 AI 来复制，我觉得完全没问题。甚至说以后我们有很多硬广告，banner 广告，它有很多尺寸，不同的网站尺寸要求不同，现在公司里会有同事专门做尺寸批发。尺寸批发是什么呢？这张原图我给到你，包含的元素有颜色的要求、字体的要求。像这样的东西，我觉得人工智能是可以的。这就是一个工作量的问题，那如果说是一个创意作品、品牌类的海报设计是无法被批量设计的，因为里边 INSIGHT 是不一样的。

3.2.3　结构化短文案的生成：广告文案的智能化及存在的问题

文案是广告公司的核心业务环节之一。在数字营销的背景下，广告文案的需求量不断增大，人力资本的支出居高不下。文案写作是广告公司人力密集的岗位。例如广告公司信息流广告标题的文案写手，每天的写作量在 400 条左右。广告文案是亟须智能化的领域。

3.2.3.1　广告文案智能化的特点：结构化短文案的生成

广告文案智能写作的步骤是，根据用户 90 天内的数据，分析消费者的构成及感兴趣的句式、话题、语言风格，形成语言模型，然后进行文案的生成。来自利欧的 8 号受访者：

> 会有衰退函数，这个函数的设定根据实际情况去调优。我们只对 90 天的数据进行处理，历史上更久的数据有存储成本的问题，不是没有意义，而是有意义，但是它产生的价值和保存、处理这笔数据的投入来说的话，肯定是赔钱的，所以就放弃它。

来自电通安吉斯的 15 号受访者：

生成东西也要看你对哪方面的话题比较感兴趣，再自动去生成，比如婆媳关系话题对大学生就没什么意义。我们先要看他对什么话题是比较感兴趣的，然后就这个话题的内容再去自动生成。比如弹幕这种 95 后的语汇，先分析豆瓣、B 站、知乎、新浪微博这种他们在不同领域的话术。生成文案需要"喂"很多普通正常人的话，根据他的风格去形成语言模型，然后再让机器去自动地生成。

目前人工智能在广告文案领域运用的特点是结构化短文案的生成。利欧集团将人工智能广告文案的生成应用在信息流广告标题的生成上，主要是因为信息流广告标题一般是 14 到 22 个字，格式化程度较高，容易找出标准和规律，结构化程度高。电通安吉斯将人工智能广告文案应用在弹幕广告的写作上，同样是因为弹幕广告文案较短，结构化程度高。此外，一模一样的弹幕会被平台挡掉，导致弹幕文案的需求量较大。目前长广告文案的智能生成比较困难，带中心思想的长文案几乎不可能。来自利欧的 9 号受访者：

信息流广告文案的标题是有限制的，字数限制在 14 到 22 个字，这是格式化、标准化程度很高的，所以机器可以做。而且所有信息流广告的投放系统对文案有一个机器接口，机器自动写进去，不需要人工输入，机器自己写完自己发出去，而且信息流文案目前不用预先审核，可以先发，发之后出了事情再查你或者再停你的候审制。一般的文案，长短不一而且还要通过编辑部门的发审，所以目前来说一般文案用机器生成其实意义不大。长文案的话，结构化程度比较低，现有的算法一定会露馅。

来自电通的 15 号受访者：

那这个文案生成的话，我们在行业中也有一些水军是利用这样的技术生成文字，因为现在它不能一模一样，一模一样的就会被平台挡掉，有一些技术就生成假的评论、各种各样五花八门大家写的话，以前要有写手，现在的话用机器去生成就可以了。这一块现在比图片其实做得更前沿一些，它已经可以把话写得比较通顺了。之后我可以给你看一个案例，我们用了 B 站上弹幕的一些话去训练、让它（AI）去说，说出来就是一些比较偏 90 后话语的一些文案，或者说 slogan。但它写得比较好的还是短句，现在有一些朋友圈会转写诗词什么的,因为它还是比较适合写一些有一点散文性质的、比较短一些的句子,你要让它生成一篇长篇大论有中心思想的稿子,是比较困难的。

求大神帮看……	娱乐生活
手还没捂热好像就坏了……	娱乐生活
我要稳稳的幸福	个人发展
求支招,求支招	娱乐生活
厉害 word 的哥	娱乐生活
又双叒叕开始跑步啦……　体力大不如前了啊	健康
给你个眼神,自己体会	亲密关系
你的良心不会痛么?	工作学习
水土不服,就服你	亲朋好友
你就是天使	亲密关系
友谊的小船说翻就翻	亲朋好友
睡觉是一种艺术,谁也无法阻挡我追求艺术的脚步	健康
青春就像卫生纸,看着挺多的,用着用着就不够了	个人发展
钱不是问题,问题是没钱	财富
我想静静	工作学习
我多想一个不小心就和你白头偕老	亲密关系
世界那么大,我想去看看	个人发展
明明可以靠脸吃饭,偏偏要靠才华	娱乐生活
重要的事情说三遍	娱乐生活
我可能读了假大学	工作学习
"青梅竹马"的干哥哥	亲密关系
请原谅我,王子	亲密关系
会不会孤独终老啊	亲密关系

图 3.6　电通公司展示的人工智能写作的弹幕

我先告诉它(AI)我要生成哪个类目,然后让它自动去生成。生成好以后,在这个里面去选。因为想文案要想半天,这个的话,不好你再换,就不停地多生成一些,然后选一些。比如说,B 站弹幕上最近最火的一百个句子,里面所有评论我先把它搞下来,搞下来以后让机器去解析这个和什么话题相关,然后它再排出这样一个顺序。接下来就是生成了,像这边的话就是机器生成的一些短语,比如说娱乐生活类的。"喂"进去弹幕 43 万,出来的都是比较偏年轻人的一些语汇的这种新的网络用语的这些词,因为它学习的就是这个。那如果学习的是另外一套东西,那它再生成同样的话题,生成的就是不一样的。

3.2.3.2　广告文案智能化面临的问题:顺通、语境与过滤机制的解决

人工智能生成广告文案面临的第一个问题是通顺与安全机制的问题。

根据图灵定律,只有机器写作的文案与人工写作的文案在盲测时无法区分,才能称为成功的机器写作的文案。安全机制指的是文案一旦发布,造成的影响无法撤销的现实下,一旦批量生产,以什么样的机制保证文案的合法、合规性。来自利欧的 13 号受访者:

> 目前来说的话,效率可以提升,但是面临风险。第一是生成现在还处于小朋友牙牙学语的阶段,机器写出来的文案会比较别扭,有 30% 是前言不搭后语的。第二是它会说错话。不能贸然就把这个"小朋友"扔到市场上来说话,是有法律风险或者政治错误的可能性的。现在监管是加强的,一旦说错话,罚金可是 50 万元起,甚至吊销营业执照。

人工智能生成广告文案所面临的第二个问题是语境的问题,主要原因是算法对中国汉语语境的掌握较为困难,但语言要结合语境才能准确地表达意思。来自利欧的 13 号受访者:

> 去年(2017 年)"双 11"的时候,我们看到过市场上有一个特别可怕的案例,这个已经被列为去年十大互联网最搞笑的案例。一家公司给一个客户在一个媒体上面投放广告,很明显是用机器学习的规则和算法,建立了一套规则,抓取消费者的评价和这个产品的特征词,然后建立了一套拼装规则,主谓宾定状补表,写好了,用的是互联网流行的句式,典型的是机器学习和规则学习的过程。我们看着规则挺好,但出来的文案,消费者在这个商品购买之后的评价是正话反说,它说是"价高质次",打了一个五星。在规则清洗的时候,机器规则没有清洗到这个,它认为打五星的就是好评,那么这组词"价高质次"就抓下来了,机器是不理解这个词的应用场景和实际的意思的,就拼上去了,"这个商品价高质次,值得拥有,快来买吧",在媒体上面投了。投完之后,有好事的消费者看见了截屏截下来,在微博上面@了这个商品的董事长 CEO、这个卖货平台的董事长 CEO、这个媒体的董事长 CEO。

人工智能生成广告文案所面临的第三个问题是文案思想的问题,人工智能能够生成大量有规律可循的文案,但有思想的有创意的文案无法生成。来自生米组成的 5 号受访者:

> 有逻辑可循的文案是可以智能化的,如果是简单文案,能够批量设计吗?我觉得也可以,只要是关键字可以找准的话,无非就是表述的方式方法。但如果是一篇采访,你很难批量。一张海报上边的一句创意文案,有思

想的文案,你很难批量,这个是要靠大脑去想出来的东西。

3.2.3.3 机器自适应:广告文案智能化的近期目标

由于广告文案智能化生成面临的上述问题,目前广告文案智能化的处理方式是监督或半监督。尽管在半监督的情况下,广告文案的智能化能够节省70%的工作量,但仍需要监督审核员,还未达到自适应。广告文案智能化的近期目标是机器自适应,即无需人工监督的自发自觉地学习、自主写作、自主审核。来自利欧的13号受访者:

对于我们来说,如果把全监督的过程变成半监督过程,商业上是有很大的获利空间的。比如说现在一个文案写手一天要写大概400条到500条文案,这400条到500条的文案质量还取决于这个写文案的人当天的状态、心情或者是其他的偶发事情。未来我的工具上线之后,可以一天生产2万条到3万条文案,而且是一个稳定产出——它只要不断电。这个时候原来这个写文案的人只要在边上半监督,比如说每天抽100条看一下,或者抽200条看一下。能到这个状态的话,我的投入产出就已经大幅度提升了,我不需要雇太多写文案的人就可以有大量的文案生成。目前来说,比如说它已经可以减小70%以上的工作量了,但是它在减小我工作量的同时,反过来会使我的安全风险或者说是出现无意义、不合理的组合的风险增加。如果要去防控这个的话,与我投入的额外的其他工作量相比,如果效率还是大幅度降低的话,那我是愿意把它作为一个商品使用的。如果说这个之间目前肯定还没有达成平衡的话,我肯定不愿意贸然去做这件事情。

我们希望最终成形的产品应该是机器自适应,如果人在当中调节的话,可以说这是监督学习或者半监督学习,这个其实不是人工智能的目标,而是机器学习的领域和范畴。之后,接下来我们要考虑的是在工程化上面怎么让效率变得更高。比如说本来要"喂"1万篇文章,生成2 000个标题,那能够在未来,可以自适应的时候,不需要再去找1万篇文章了,可能定期给它1 500篇文章,它就可以找到这些文章之间的趋势,或者说是流行语的风向,它自己就可以发挥或者变化出这种新的标题,那我觉得这个工程化就逐步实现了。

3.2.3.4 图灵测试:广告文案智能化成熟的标志

图灵测试(The Turing test)一词来源于计算机科学和密码学的先驱图

灵写于 1950 年的一篇论文《计算机器与智能》。它指测试者与被测试者(一个人和一台机器)隔开的情况下,通过一些装置(如键盘)向被测试者随意提问,进行多次测试后,如果有超过 30% 的测试者不能确定出被测试者是人还是机器,那么这台机器就通过了测试,并被认为具有人类智能。广告文案的检测也是根据图灵测试而来,将人工写作的文案与机器写作的文案混同,如果无法区分则可以认为智能广告文案通过检测。来自利欧的 12 号受访者:

人工智能写出来的文案,在有经验的文案、有经验的消费者和有经验的甲方那里,不能够判断出这是机器写的还是人写的,如果通过率很高的话,我们就认为这个文案已经非常好了。

3.2.4 网络广告程序化、终端广告个性化、秒优化:广告投放的智能化

传统媒体时代广告投放依靠的是人工的媒介策略和媒介排期。由于广告投放的效果短期难以感知,媒介投放一般是以年或季为单位进行。在终端广告投放方面,由于终端人群的不可知,效果难以测量,一般是大规模投放于人群密集地,难以做到个性化。由于效果难以及时并准确测量,广告效果优化难以有效进行。早期网络广告(以 PC 端为主的时期)的投放方式是,根据潜在消费者的属性标签判断消费者可能出现的媒介位置,进而将广告投放到相应的媒体,是基于媒体的投放。基于人工智能技术的程序化购买使投放方式发生了根本性的变化,表现为"先找到你这个人,无论你出现在哪个网站,我都能看到",即从针对媒介的投放转变为针对消费者的投放。人工智能在广告投放领域的应用较为成熟的是程序化购买,此外终端广告的个性化方面也有着较大的空间。2012 年以来,程序化购买从原来的 PC 端向移动端迁移。从纯粹的 openRTB(公开竞价实时竞价交易)到现在的私有化交易(PDB 或者是 PMP 的交易市场,PDB 就是锁定合约的程序化直接购买),相较于 RTB 市场,PDB 市场的量和价都是定的,流量可以挑选。到现在,RTB 已经减少到大概只剩 10%,大部分的程序化交易行为发生在 PDB 或者是 PMP 市场。

从传统广告到早期的网络广告再到基于人工智能的程序化购买的推动力,在于广告费用的降低。传统广告和早期的网络广告是基于媒体的投放方式,比如投放新浪的通栏、头条以覆盖更多的潜在消费者,根据广告的访问量(PV),一个广告主一天的广告费在五六十万元,但真正能够展示给多少个潜在消费者无法保障,因为访问量不能直接等同于目标消费者数量。基于人工智能的程序化购买是基于消费者的投放,锁定消费者进而根据这个消费者出现的位置进行投放,比如一个消费者在一个小网站上,可能只需花费1元钱,就能直接投放到目标受众。

3.2.4.1 基于CTR预估的半监督投放:网络广告程序化

程序化购买是通过模型,根据每个人测算出更适合他的广告,然后算出短期的极值,找出合适的人。如果有很多版素材,选最合适的素材投放;如果只有一版素材,只投给那些算下来得分比较高的消费者。其中的关键环节在于CTR预估。CTR预估的准确性决定了广告投放的精准性,这既是广告公司程序化投放的利润来源,也是当下技术投入最多的研究领域。来自利欧的11号受访者:

但凡是程序化购买的公司,只要在场内做任何涉及竞价交易都依赖于CTR预估。我们公司最赚钱的地方就在于利用信息不对称,这个信息不对称表现在具体的指标上就是CTR,我猜的比人家准,我就可以赚到钱。举个简单的例子,我买1 000次曝光,这1 000次曝光里如果不产生点击的话,我就没有获利,这样的话就赔了这1 000次曝光的钱。如果我产生一次点击,我就赚1元钱,有可能是打平,如果说我买的这1 000次曝光里面有5次点击,我是不是赚5元钱?如果产生了10次点击,那么我赚的就更多,而且是指数增长的。所以说CTR预估的越准,我能获得的点击量越大,那么我的利润空间就越大。所以,所有的广告技术公司在CTR预估领域的技术投入和研发投入是最大的。

当下的程序化广告是需要人来定义参数的半监督式智能化投放。来自利欧的11号受访者:

CTR预估前两年到现在一直是用规则和LR模型,有时候用GDBP就是梯度上升这种算法去做,但这些都要有人监督,人来定义参数看效果,然后人来做修正。这里通常的做法是基于统计,找两个现象之间的关联性,如果是正相关关联,就扩大这方面的特征,以期待点击率等变量能够被改善。基本上每一轮循环下来,需要人工在当中做各种各样的协调工作。

3.2.4.2 基于实时信息的精准化:终端广告个性化

终端广告是指投放在超市、商场等销售终端的广告。传统销售终端广告的投放是以规模取胜,无法做到根据不同消费者的精准投放。人工智能在终端广告的应用上可以根据不同的消费者推送不同的广告,也可以根据不同的消费者打印不同的产品包装。来自电通的15号受访者:

> 我们现在和做快销品的合作,以前我们可能只是帮他做广告,比如我们帮可口可乐设计那个歌词瓶,现在我们帮他把终端的数据采集到了,可以知道是怎么样的人、怎么样的瓶子、(在自动售货机)怎么去拿。这个数据对于厂家来说也是非常可贵的,他可以知道什么样的人拿什么东西、一次性拿多少、喜欢拿怎么样的包装。出发点是更多地去了解消费者把信息完整地识别出来,做数据采集和分析工作。自动售货机就成为人工智能识别柜。如果想远一点,这个柜子可以做一个广告位,上面有一个显示屏,可以根据来的不同的人或者他拿的不同东西,展示和他有关的广告或其他宣传的东西。

另一方面,根据消费者的轨迹卷宗,可以找到最佳的终端广告位。来自电通的15号受访者:

> 轨迹卷宗显示的是一个人的活动轨迹。比如一个人在店内,一个大商场的展柜,他是怎么样走的,把他的轨迹分析出来,那就知道如果要投广告的话,应该投在哪个位置……还有就是你的地形是这样的,货柜的摆放应该是怎么样的,哪边是最容易被看到的。这个就和以前网站上用眼动仪看整个网页哪里比较好是一样的。

基于实时信息的精准化终端广告个性化投放目前存在的问题是成本问题及硬件的配备问题。如果线下没有强大的传感器就无法获得线下的数据,人工智能在这方面的学习能力无法发挥,基于实时信息的精准终端广告投放是无法实现的。来自电通的15号受访者:

> 当下这还没有做到量产的,因为牵涉到成本,投入和产出合算的话才可以考虑量产。因为需要大量的传感器,还要联网,还要一些深度学习的相关硬件。

3.2.4.3 预测算与秒优化：效果应对的智能化

在传统媒介环境下，广告效果难以测量，常规效果应对机制较为迟缓且缺乏针对性。智能化广告投放效果能够实时反馈并进行优化。效果应对的智能化，一是广告效果的预测算：在大规模投放前先小样本投放，根据用户的行为反馈进行智能化分析处理，进而进行模型优化。来自利欧的11号受访者：

> 在预估的时候会涉及广告转化率和出价之间的情况。现在的点击率预估还是依赖用户的行为反馈，比如说先投出去一部分流量，然后看用户有哪些点击，然后再根据采集到的用户数据，比如他的标签之类的，看哪一类标签或人群的点击率可能会高一点，对这些东西做统计分析。然后，未来可能就是采用逻辑回归还有深度学习这样的算法来更智能的去把点击率通过标签的组合或者是其他的一些数据来进行预估。

效果应对的智能化的另一方面是秒优化：投放系统根据用户的行为数据进行优化，对效果最好的用户进行CTR预估模型处理，进而调整标签和出价，放大效果。另一方面，对用户反映不好的广告调整素材（图片或文字）。来自利欧的11号受访者：

> 这个是投放系统决定的，因为用户的反馈，信号最好的就是用户点击这个广告，这个点击信息立刻回到CTR预估模型里，就开始调整出价，调整标签，然后调整素材，这是一个闭环过程。这是程序化广告在过去的五年当中就已经完成、在做的。

3.2.4.4 机器自适应：程序化购买的近期目标

当下的程序化购买是需要媒介策略人员进行策略制定和参数设置的半监督式投放。随着人工智能技术的推进，机器自适应即不用人来做参数选择，也不用考虑参数调优对结果的导向等问题，直接用几层CNN模型完成迭代。来自利欧的11号受访者：

> 人工智能机器自适应在算法上已经得到证明，我们也发现这个在算力上面是有瓶颈的，而且CNN算法只能离线做，不能实时在线做。LR就是逻辑回归实际上是简单的在线去做的，速度特别快，而且机器消耗也不大。所以如果算力成本大幅度下降的话，我们现在肯定是第一时间会引入到CTR预估里，一旦CTR预估能够被加强的话，就意味着在优化、媒介策略

上完全就可以把低成本的媒介策划这种工作给取代掉了。

现在行业的几家大公司,比如说脸书、百度提出,paper 上面已经证明可以人工"喂"数据,然后总结规则,然后修正算法,这个过程可以变成自动化、让机器的算法能够自适应的过程。去年(2017年)和前年其实百度和脸书就写过相关的论文,比如说 CNN 可以用来 CTR 预估,而且效果和效率可能会更好,因为我们现在需要大量的 Hadoop 的服务器去算各种特征和标签,这样的话可能一两台 GPU 的设备就可以解决所有问题,而且是不停地自己在循环。

我们看到一个非常明确的应用的场景,这一块如果计算资源和计算成本大幅度下降的话,意味着在策略方面可以从现在每周或者是每天做一次基于人工的调整和优化进而到每一笔交易、每一次曝光或者是每分钟都可以去做媒介投放策略的调整,选择哪个广告位、选择哪个潜在的设备 ID,合理的出价应该去加钱还是减钱,效率就可以极大地提高。

3.2.4.5 历史数据与变化的消费者:程序化购买面临的问题

程序化购买极大地提升了媒介投放效率,提高了广告投放的精准性。但当下程序化购买也存在一定的问题,一是现有的深度学习是一个离线的过程,但 CTR 预估是一个动态、实时的过程,每时每刻消费者的条件和情况都在发生变化,现有的 CNN(卷积圣经网络)算法在效率上无法满足互联网广告业的需求。解决这个问题的办法是堆加 GPU 去算 CTR,但会存在费用比的问题,但当下的程序化购买一笔广告交易的盈利是几毛钱到几块钱,大量投入研发资金会导致亏本,所以等到边际成本大幅度下降时,才能投入使用并改善。来自利欧的 11 号受访者:

现在我们也看到一些提出来的问题,就是说如果堆加 GPU 去算 CTR 的话,超出了费效比。因为互联网广告业的边际利润率是非常低的,每计算一次产生的商业价值可能是几分或几毛钱,大部分情况下是 1 000 次产生几分钱的利润空间。问题是现有的深度学习或者是 GPU 计算,光在实验阶段每 1 000 计算的投入成本基本上是几十元人民币或者几美元。这样的话,大量投入深度学习的计算能力去获得 CTR 的提升反而使得实际上亏本。所以为什么我们过去两年当中,只有头部的大公司,在实验室里面、在论文阶段、在实验阶段,证明这个算法很好。但是对于我们这种有盈利压力的公司来说,我们知道这是一个好东西,但是目前现有的条件和成本没有大幅度下降的前提下,没办法贸然地去大量投入,因为一旦工业化投入,对我们来说肯定是赔钱。所以我们现在的做法就是在实际的生产线上还是用小米加步枪和土炮的这种东西,但是呢,我们希望一旦这种算力的硬件、软件成本大幅度下降,我们就可以快速地把现在的 CTR 预估一套系统迭代掉,或者就是升级。这是一个前途很光明,现实很骨感的事情。但至少目前,从工程化角度来说,是存在挑战的,但是在理论上面,业界的大公司和大的学校都已经帮我们证明这件事情是可行的,只要等待服务器便宜的这一天,这个事情就可以做了。

3.3 广告公司业务过程的智能化重组

传统广告公司的业务部门分为客户部、策划创意部、设计制作部、媒介策略部。在运作流程上,客户部负责对外沟通与对内传递客户需求。策划创意部根据客户需求进行策划和创意。设计制作部负责将创意进行平面或视频化呈现。媒介部负责媒介策略和媒介投放。人工智能在广告中的应用颠覆了传统广告业务流程,并进行重塑。

3.3.1 溢出的工具平台:人工智能技术对广告公司业务过程的重组

人工智能作为一个新技术部门,在广告公司的运作流程中起到溢出平台的功能。在利欧集团,技术部门在集团总部,技术部门作为一个平台来对接集团的子公司,技术平台向琥珀和氪氪输出广告文案(例如段子手、短文案)以减少其人工投入,向聚胜万合(MediaV)、微创、智趣输出程序化购买技术。来自利欧的 8 号受访者:

我可以输出一部分段子手的工作给到琥珀和氪氪,当他们需要这种低端文案的时候,就可以不需要人去做,让我们的这个工具去做。程序化购买,MediaV、微创、智趣这三家用的比较多,因为这三家其实交易模式都一样,只不过分属的行业和媒体是不同的。

在电通安吉斯,技术部门与传统广告部门是分开的,技术部门作为溢出的工具平台对传统的广告业务进行支持。来自电通安吉斯16号受访者:

因为技术是可以演变成工具去量产的,所以更多的是通过一些案子,做成一些模块之后,可以把它做成一个工具、一个平台,再有相似的客户来,你(传统的业务部门)就自己在里面选,自己来生成。所以这也是一个产品化的过程,也就是说把它变成一个工具,然后就不需要我介入了,那我会去研究更新的模块,然后再去迭代我的算法。我的部门对于他来说,并不是一个帮他干活的,我就是提供给他工具的角色。

3.3.2 技术人员前置:人工智能技术对广告公司业务过程的重组

相比传统广告公司业务流程中客户部负责对接客户需求,策划创意等其他部门负责跟进的流程,人工智能重组下的广告公司运作流程将技术人员前置到客户沟通环节,这主要是两方面的原因形成的:一是客户部需要技术人员的支持以提高效率和成功率。客户部的人员一般是文科背景出身,难以向客户解释新技术的运用及技术逻辑。来自电通安吉斯的16号受访者:

因为现在市场上对于这块东西,广告学背景的人对这块了解是比较少的,如果说这些案子(技术部门)有参与到的话,我们都会一起去给客户提议,一起服务。在跟客户去提案的时候,我可以去建议他在广告上用一些新的东西,如果客户觉得可以用我们部门的技术配合原来的,那我们就做配合。比如帮他们去做前期分析研究,然后再做一些素材供他参考。那传统的人再接上,在这个上面做一些修整,把这个东西弄出来。那整个就是说大家互相配合,把这个事情做得更快,更有效率。原来可能要四五周,现在可能两三周就完成了。总而言之,我们和传统的是合作关系,那慢慢地会把我们这些技术都融入他们当中,并且尽可能标准化,变成标配。

二是技术人员需要客户人员配合运用相关知识向广告主解释逻辑。人工智能技术在广告中的运用是根据贝叶斯均衡,机器自动调整优化,技术人员比如工程人员、开发人员和算法人员无法解释其中的原因,无法和广告主形成有效沟通。来自利欧的8号受访者:

在机器和广告主的决策者之间需要一座桥梁,这座桥梁就是媒介策划人员。媒介策划人员把程序化购买数据和报表整理出来的现象、概率拿到手之后,可以讲一个很好的因果论故事,这是广告主、决策者特别容易接受的。否则的话,纯靠我们这边的工程人员、开发人员和算法人员去跟广告主讲的话,一定会打起来的。说到底就是现在人工智能有这个问题,人工智能算法优化和迭代的调参,为什么调,你们知道吗?然后好多人工智能的一线操作人员就说他们也不知道,机器自己就这么讲起来了。这实际上就是因果论和贝叶斯两个流派之间最大的分歧,就是说我只看到这个现象,然后我只知道下一步该做什么,但是让我解释为什么会这样子,我也不知道。但是因果论的人就说凡事必有前因后果,你必须得给我解释,解释不出来,两家就开始"掐"了。

技术吸收与人力替代：广告产业智能化的人力资本

广告产业的智能化程度取决于广告产业对人工智能技术的吸收能力。由于替代人力资本的技术属性，对人工智能技术的吸收与广告产业的人力资本是此消彼长的关系，导致了广告产业人力资本的变迁。

4.1 广告产业对人工智能技术的吸收

4.1.1 吸收能力的概念

科亨（Cohen）和利文索尔（Levinthal）最早提出吸收能力的概念，他们在探讨研究与开发对企业绩效产生的影响时发现，研究与开发在促进企业知识创新的同时还能帮助企业提升消化和应用外部知识的能力，在此基础上提出了吸收能力的概念，即"企业能识别外部新知识的价值并能将其消化最终应用于商业目的的能力"。[1] 之后，科亨和利文索尔将知识的预测能力加入吸收能力的概念中，并发现吸收能力的不同将导致对技术预见能力的不同，好的吸收能力更能有效地把握市场机会。科亨和利文索尔对吸收能力的研究更侧重于个体层面，他们认为个体吸收能力是组织吸收能力的基

---

[1] Cohen W, Levinthal D. Fortune favors the prepared firm[J]. Management Science, 1994, 40(2): 227-251.

础,组织内个体间的交流与沟通会影响组织的吸收能力。莱恩(Lane)和鲁巴肯(Lubatkin)以知识源和接收方的关系为视角,提出相对吸收能力的概念,他们认为除了企业自身的知识储备外,吸收能力还受到知识源特征的影响。因此,吸收能力具有伙伴专属特性。持同样观点的还有戴尔(Dyer)和辛格(Singh),他们提出了伙伴专属吸收能力的概念,指的是企业从特定伙伴处获取知识的能力。

萨拉(Zahra)和乔治(George)对吸收能力进行了重构,将吸收能力的过程从科亨和利文索尔提出的识别知识、消化知识和利用知识三阶段重构为获取知识、同化知识、转化知识和利用知识四阶段。对吸收能力进行了重新界定:"企业通过获取、消化、转化和利用知识等一系列惯例与流程,成为动态性组织的能力。"[1]萨拉和乔治强调吸收能力具有动态性,并将吸收能力分为潜在吸收能力和实现吸收能力两种类型:潜在吸收能力包括获取知识与消化知识;实现吸收能力包含转化知识与利用知识。在此基础上,他们提出了吸收效率的概念,指的是潜在吸收能力与实现吸收能力的比率。吸收能力低的企业即使获取和消化了知识,如果转化和利用知识的能力较低,也同样无法获得知识收益。持相关观点的是托多罗娃(Todorova),他认为同化知识和转化知识之间不具有先后顺序,相反认为它们是可以相互替代的,而且存在不用同化能够直接转化的知识类型,针对不同类型的外部知识,采用的学习方法应该不同。

莱恩等人分析了企业吸收知识的过程,提出吸收能力包含三个学习阶段,即探索性学习、转化性学习与利用性学习。随后,兹坦赛尔(Lichtenthaler)遵循莱恩的研究路线将学习理论和吸收能力的研究进行了有机的结合,更加明确了三种学习的内容,认为探索性学习是指识别和同化获得的外部知识,转化性学习是指保持和重构所获得的外部知识,探索性学习是指转化和应用获得的外部知识。[2] 基姆(Kim)从知识类型的视角将吸收能力划分为三

---

[1] Zahra SA, George G. Absorptive capacity: a review, reconceptualization, and extension[J]. Academy of Management Review, 2002, 27(2): 185-203.

[2] Lichtenthaler U. Absorptive capacity, environmental turbulence, and the complementarity of organizational learning processes[J]. Academy of Management Journal, 2009, 52(4): 822-846.

种类型,即基础学科吸收能力、专有领域吸收能力和编码吸收能力。这三种类型的吸收能力分别对应技术发展的不同阶段:初期技术探索阶段、中期技术研发阶段和后期技术整合阶段。① 此外,尼卡(Nika)和伊戈尔(Igor)基于技术推动型创新和需求拉动型创新的不同,提出了技术推动型吸收能力和需求拉动型吸收能力,前者的主要对象是技术性知识,来源为大学、研究院、非营利性机构,后者主要对象是市场性知识,主要来源是客户、展销会、供应商等。

努特博姆(Nooteboom)从认知距离的视角研究吸收能力,指出知识的可交流性和新颖性的交互影响对认知知识的效果产生影响:新颖性越高,可交流性越低,相应的知识的认知效果越差;但认知距离(企业间资源的异质性)能够对可交流性和新颖性产生影响,企业间认知距离越大,对企业来说知识的新颖性越高,可交流性降低,也会降低与现有知识的互补性。因此,过大的认知距离对组织间知识的转移会产生不利影响。

4.1.2 人工智能技术在广告产业的吸收

人工智能技术在广告产业的应用是人工智能技术在产业间的外溢过程,也是广告产业根据实际问题寻求智能化解决的过程。因此广告产业智能化的实现及实现程度,取决于人工智能技术实现程度,也取决于广告产业对人工智能技术的吸收能力。广告产业对人工智能技术的吸收能力主要指的是广告企业对人工智能技术的价值识别并能将人工智能技术消化,最终应用于提升广告公司运作效果的能力。同时,人工智能技术的吸收能力也与自身的知识储备有关。例如利欧集团之所以在人工智能文案领域进行开发有四点原因:一是利欧集团认识到人工智能对广告产业效率的提升有巨大价值;二是利欧集团在自然语言处理方面,有技术储备也有实践经验;三是利欧集团认为现在广告主的痛点主要在文案,特别是移动端信息流广告文案的制作量和发版量都特别大,靠人工写作,质量和资金投入都存在压

---

① 王辉.企业网络能力与吸收能力互动及对产品创新价值链的影响研究[D].天津:天津大学,2012:21-23.

力,自动化处理能够解决这一问题;四是图形图像的识别和处理在计算量和算法上面对硬件设备GPU的消耗较大,利欧集团在硬件、研发费用投入上面无法支撑。

4.1.2.1 从吸收阶段来看,广告产业对人工智能技术的吸收处于从探索性学习向转化性学习的阶段

探索性学习指的是广告产业识别和同化人工智能技术。转化性学习是指保持和重构人工智能技术,也就是开发人工智能的广告价值。利用性学习指的是对人工智能技术的利用以取得收益。从整体上看,人工智能技术在广告产业中的吸收处于从探索性学习向转化性学习的过渡阶段。来自利欧集团的8号受访者:

人工智能技术现在对于互联网广告业来说,最大的挑战就是它的高并发和效率以及相对应的投入成本。如果这个当中有任何一个突破的话,才会对这个行业带来本质性的影响。那么,到目前为止没有看到有任何实质性的技术上面的突破,所以我们认为,爆发点还没有到。如果到爆发点的技术出现的话,我们再来看两三年左右的时间,这个行业就可以突然的有爆发式的增长。

在广告产业不同的应用领域,对人工智能技术的吸收也存在差异:在消费者分析、图像设计等方面,处于转化性学习向利用性学习过渡的阶段;在文案写作方面,处于探索性学习向转化性学习过渡的阶段;在程序化购买及效果应对领域,处于利用性学习的阶段。关于智能广告文案,来自利欧集团的8号受访者:

在广告创意这一端,一个是阿里的鲁班,主要是做广告海报的拼贴;另外一个是360的达芬奇画布,也是做广告素材的拼贴,都是从图形设计方面去切入。但是目前来看,文案应该还没有完全商业化的成品。目前,自动化和机器自主地写文案、拼装文案方面成熟的产品应该还没有。这是两个不同的方向,那个主要是依赖对图形、图像的识别和处理,文本方面就是从自然语言处理角度去切入。

利欧最早的开发和合作思路是基于机器学习来展开的。文案写作的产品线现在还在开发当中。我们期望能够在未来的某个节点,如果在算法上面能够有突破,然后在产品上面有突破的话,就可以把基于现在机器学习的

这套对文案和标题的拼装和制作流程升级成类似于深度学习或者说是强化学习的方案。现在算法正在开发当中，本来是计划下个月的时候和研发团队做一次中期交流，看看整个项目的进展会到什么阶段，然后可能会在下个月末的时候，进行一次测试，看一看实际的投放效果。

人工智能技术在广告产业中应用最成熟的领域是程序化购买，处于利用性学习的阶段。来自利欧集团的 8 号受访者：

从 1999 年到 2008 年，互联网广告走的是传统代理的套路，当时因为互联网的速度慢。2008 年到 2011 年之间，整个互联网行业解决了大规模并行计算的瓶颈，而且成本大幅度下降之后，程序化购买这个行业才开始发展起来。因为大规模并行计算，从 2008 年到 2011 年，就是爆发性增长之后，两年之内，互联网广告业就开始程序化购买。从 2011 年开始，2013 年突然之间遍地都是，中国有 150 家做程序化购买的广告技术公司出现，然后衰退得也特别快；2016 年开始衰退，2017 年就只剩下一半不到的程序化购买公司。

4.1.2.2 从知识来源看，广告产业对人工智能技术的吸收属于技术推动型

根据尼卡和伊戈尔的研究看，技术吸收能力分为技术推动型吸收能力与需求拉动型吸收能力。技术推动型吸收能力是以对技术与知识的识别和利用为基础，信息与知识的来源为大学、研发机构、非营利性机构、研究院所等。广告产业对人工智能技术的吸收属于技术推动型，关于人工智能知识的来源，一方面来自大型的商业机构的研究院，比如脸书、百度、京东、阿里巴巴；另一方面来源于科研论文。来自电通的 14 号受访者：

有些东西，谷歌、百度已经提供出来，那我没必要再花几百个人再去做一遍，他们本身就是几百个人做出来的东西。几百个人做完这个了，举个例子，他识别出来你这个是衣服，对于他来说，识别出来这个是 YYK 的，到底是这个款式还是那个款式，对他来说没意义，他不要做得这么细。对于我来说有意义，我就在他的基础上，再做细一点，把后面做下去。这是一个借力的过程，别人做好的，我可以用的我就用，别人没有的，但是对于我有用的，我再投入人力往前做。

来自利欧的 8 号受访者：

CTR预估方面，现在行业的几家大公司比如脸书、百度，他们的paper上面已经证明了是可以人工"喂"数据，总结规则，然后修正算法，这个过程实际上可以变成一个自动化、让机器算法自适应的过程。去年（2017年）和前年其实百度和脸书就写过相关的论文，比如说CNN可以用来做CTR预估，而且效果和效率可能会更好。我们现在需要大量的Hadoop服务器去算各种特征和标签，对于它来说，它可能一两台GPU的设备就能解决所有的问题了，而且是自己在不停地循环。但至少目前，从工程化角度来说，是存在挑战的，只要等待服务器便宜的这一天，就可以做了，这是一个非常明确的应用的场景。如果计算资源和计算成本大幅度下降的话，意味着在策略方面可以从现在每周或者每一天做一次基于人工的调整和优化，直接可以进化到每一笔交易、每一次曝光或者是每分钟都可以去做媒介投放策略的调整，我选择哪个广告位、选择哪个潜在的设备ID，我合理的出价应该是加钱还是减钱，效率就可以极大地提高。

来自顺为互动的3号受访者：

像我们这样规模的公司，负责程序的部门是程序项目的管理者。举例来说，要造一栋房子，不需要开一个砖厂，去买砖不就好了吗？他们的角色可以整合更多，但不一定都是自己写代码。

在识别知识以后是否利用和转化知识，也取决于成本、自身的经验、资金实力等因素。来自利欧的8号受访者：

如果我堆加GPU去算CTR的话，超出了费效比，因为互联网广告业的边际利润率是非常低的，每计算一次产生的商业价值可能是几分钱或者几毛钱，大部分情况下是1 000次产生几分钱的利润，问题是现有的深度学习或是GPU计算，光在实验阶段，实际上每1 000次计算的投入成本基本上是几十元人民币也就是几美元，这样的话，大量的投入深度学习的计算能力去获得CTR的提升反而使我亏本。对于我们这种有盈利压力的公司来说，我们现在知道这是一个好东西，但是目前各方面的条件和成本没有大幅度下降的前提下，没办法贸然地去大量投入，因为一旦工业化投入，对我来说肯定是赔钱的，一旦这种算力的硬件、软件成本大幅度下降，我们就可以快速地把现在的CTR预估一套系统迭代掉或者就是升级。所以为什么过去两年当中，只有头部的大公司，在实验室里面、在论文阶段、在实验阶段，证明这个算法很好。

因为人工智能是去年(2017年)火,但火完之后,因为设备太贵,我们没赶上那一拨。如果去年我们募投项目的钱批下来,去年买设备的话,去年肯定是大炒这条产品线,但因为去年设备没到,而且算法当时也在准备和研究项目也一直在谈。今年如果募投资金到位,我们先进两台GPU的设备,先练练手。GPU的采购一定是提上议事日程的,这个不容置疑,因为如果我们用深度学习的那些算法,就比如说我先进到两层三层以上的话,一定是"吃"计算机的,所以这块我们一定是有想法跟计划的。当然,可能不会一上来就进行大规模的投资,因为我们在这个领域也是刚刚进场,还有很多摸索的事情要去做。

从知识来源看,需求拉动型(广告主、媒介)显得较弱。相反,在一定程度上,广告主对人工智能技术的理解需要广告公司来推动。利欧的客户经理说:"幸好现在不用去教广告主什么是程序化购买,他们大致都知道了。"目前,仍有一些广告主对技术存在质疑,需要广告公司做出大量的努力来解释。来自利欧的11号受访者:

因为广告主没有技术,他对技术完全看不懂的时候,一定会担心自己被骗。看得懂的广告主就闷头在这里面赚钱,比如说电商的广告主,他们其实预算的50%到70%都是在程序化购买的,他们从来不会说这个市场太黑暗,因为他们懂这件事情。看不懂的,依赖于传统销售渠道的广告主,因为他没有技术含量,就会担心我是不是被骗了,其实广告主不用担心这一点,只要把收集到的日志发给你,附带着存一份,大家对日志就可以了。当然,也有可能广告主说他看不懂日志,几百亿条日志他说你处理不过来,你还是骗他。

4.1.2.3 吸收效率是广告公司在人工智能领域获得竞争优势的关键

人工智能技术的潜在吸收能力与实现吸收能力的比率,即广告公司对人工智能技术的吸收效率。吸收效率决定了知识的收益:高吸收效率能够帮助广告公司保持既有的竞争优势并获得新的竞争优势;低吸收效率表示即使广告公司在人工智能领域拥有一定的知识储备,但对其开发利用效率低下或者不进行开发利用,难以获得知识收益和竞争优势。来自利欧集团的8号受访者:

算法一旦形成之后是大家都能用的,但是工程化和产品化是各家自己的。因为版权其实防不住这个事情,但是商业规模化投入一旦上线之后,是其他家所不可比拟的。因为我们会做这个产品,我的广告主每天要4万到6万套素材,这个使用场景是有的。第二个,我一天的广告交易大概是在700万元人民币到1000万元人民币左右,在这个商业规模下,我的产品一旦投入使用,使用效率会大幅度提升,成本大幅度下降,这个是竞争者没有的。其他广告公司没有我的规模,他的客户没有这个使用场景,比如华扬联众做汽车的,我做的是电商客户。我一天的产品SKU是2500万个,所以说我要做的是面对两亿个设备去做这2500万个SKU之间的匹配,所以需要文案是不停地更换和变化。

其次,高吸收效率形成马太效应。人工智能技术在广告公司的应用将大幅度降低成本,保持并吸引大量广告主,形成强者越强的马太效应。来自利欧的8号受访者:

商业竞争层面最终竞争的焦点一定是成本。算法和人工智能的使用效率只要大幅度提高,就不需要招2万元的文案了,这部分成本就降低了,硬件、开发成本被30亿元到40亿元的采购额摊薄之后,在市场上的竞争力就已经进入马太环境了。这个时候其他广告公司也做一个,做完之后你手上有这种2300万个SKU需求的广告主的话,我们俩之间就对拼,如果你的广告主需求每个月只要求出2条TVC或者是5条TVC的话,没有这个场景,就进入我这个市场就没有意思。反过来说,如果一家广告公司一天要出一万张海报,他肯定更加愿意去跟天猫的鲁班或者360的达芬奇画布去拼。但我相信,在那个市场,天猫有1000万家店家,360大概有两万家店,所以他出这个产品,应用场景是天然有的。我们如果贸然地进入图形的人工智能化市场,可能也会被天猫或者360打得一鼻子灰。

在程序化购买方面,因为我比任何人早一步知道优化的结果,在下一轮出价的时候,我就可以调整价格。一旦调整价格。利差就是我赚的。这是我赚钱的地方。所以文案工具做完之后,极大的可能就是大广告主,只要在我这儿的投放金额超过多少,你随便用。小广告主,我收一笔钱以补贴系统的运营开销和开发开销。所以又回到竞争问题上,其他公司你也开发一个,一旦你跟我开始竞争,我就跟你打价格战,对我来说就是增加点电费。我的使用量越大,使用的客户越多,边际成本就越低。

4.2 广告产业人力资本结构的变迁

4.2.1 人力资本的概念

古典经济学的创始人威廉·配第(William Petty)把劳动者的"技艺"与土地、劳动和物质资本并列为经济发展的要素,人力资本的思想开始萌芽。亚当·斯密在《国富论》中提出了早期阶段的人力资本概念,认为:"工人增进的熟练程度,可和便利劳动、节省劳动的机器和工具同样看作社会上的资本。"[1] 马歇尔认为最有价值的资本是对人自身投资形成的资本。这些早期的人力资本理论为现代人力资本理论的形成奠定了基础。

人力资本理论真正的飞跃性发展是在近五十年。1960 年,舒尔茨(Schultz)指出,资本并不一直都是有形的和物质的,资本完全也可以体现在劳动者身上,进而形成"人力资本"。[2] 这个概念的提出标志着人力资本理论的正式形成。舒尔茨认为人力资本指的是人的健康、知识、能力等质量的提升,相对于劳动者或物质资本数量的增加,在经济成长中,人力资本的贡献更为重要。库兹涅茨(Kuznets)研究发现在西方国家经济发展与国民收入持续增长中,人力资本的贡献率不断上升,物质资本的贡献率不断下降。萨洛把人力资本定义为"个人的生产技术、才能和知识的综合"。[3] 米田(Maita)认为人力资本指的是人的质量因素,包含了人的知识、技术和能力的总和,他认为人力资本还包括正确的价值观、持续工作能力、应变能力、

---

[1] 李楠.信息技术型人力资本对涉农企业核心竞争力作用机理研究[D].咸阳:西北农林科技大学,2013:30-40.

[2] 邵琳.人力资本对中国经济增长的影响研究[D].长春:吉林大学,2014:47-50.

[3] 李楠.信息技术型人力资本对涉农企业核心竞争力作用机理研究[D].咸阳:西北农林科技大学,2013:30-40.

首创精神、兴趣、态度等其他因素。贝克（Becker）指出人力资本是对人的投资形成的资本，人力资本不仅包括知识和技能，还包括健康、寿命、时间等，因此凡是能提升劳动者的知识、技能或素养的投资都是人力资本投资。经济合作与发展组织（OECD）认为人力资本包括人所具有的与经济活动相关的知识、技能、能力及其他综合因素。

20 世纪 90 年代人力资本理论在我国开始传播，我国学者基于我国国情开始了对人力资本理论的研究，研究内容主要包括人力资本与产权、人力资本与经济增长、人力资本价值及我国人力资本的存量和收益。其中，李忠民认为人力资本指的是内化在人体内、可以成为商品或服务并以此收获收益的价值。廖泉文等指出是人所具有的知识、素质能力及相关经验等价值。俞荣建则认为人具有的天赋也属于人力资本的范畴。

总体而言，人力资本体现的是人的质量因素，是一种价值再现，是人参与价值创造活动的能力，即价值增值能力。

4.2.2 人力资本的分类

相对于量的因素，舒尔茨更强调人力资本质的因素。他认为质的因素是人力资本的内涵，即劳动者所具有的知识、技能和能力，它能促进生产，是生产增长的主要因素。但他没有明确地对人力资本进行分类。国内关于人力资本的分类，不同的学者有不同的划分，由于人力资本能够通过一定的形式展现出来，所以这种能力可以被观察。目前，根据能力的含量程度，不同的学者对人力资本有不同的分析，如表 4.1 所示：

表 4.1 人力资本的分类

代表人物	人 力 资 本 分 类
李红霞、席酉民（2002）	劳力型、创新型（技术型、经营性和信息型）
王锦华（2002）、靳娟（2005）	战略创新型、制度创新型和技术创新型
张华（2003）、张一力（2006）、李伟娜（2009）	一般型、专业型、创新型

续 表

代表人物	人力资本分类
贺砾辉,谢良(2007)	初级、中级、高级(创新型人力资本)
胡永远、刘志勇(2004),赵蕊(2008)	一般型、技能型、创新型
张漫子(2005)	创新型人力资本包括管理型、技能型、执行型
李伟娜(2009)	一般型、专业技能型、创新型
孔宪香(2009)	创新型人力资本包括:企业家型、研发型、技能型、管理型和营销型
宗综(2009)	创新型人力资本包括:企业家型、技术型
陈柳(2013)	创新型人力资本包括:普通型、研发型、管理型、企业家型

从表4.1可以看出,关于人力资本的分类,大多数学者较为认同的是三分法,即人力资本可以分为一般型、技能型与创新型。

一般型人力资本拥有社会平均的知识存量和中等以下的能力。与一般型人力资本相对应的社会角色是一般劳动者。技能型人力资本是通过培训或教育获得专业知识和操作能力,进而能够完成特定活动。一般型人力资本在综合能力中突出操作技能,对应的社会角色是操作性技能人员。舒尔茨指出创新型人力资本就是一种让非均衡的市场达到均衡的市场的能力,也就是说,拥有市场稀缺的创新能力就是创新型人力资本。[①] 舒尔茨认为创新型人力资本在生产中作用的核心特点是创造性、创新型,所以将创新型人力资本分为研发型、企业家、管理型和技术型这四类人力资本。创新型人力资本具有的特征包括:一是价值优越性,即创新型人力资本在价值创造和降低成本方面比其他人力资本更好,边际报酬递增;二是不可仿制性,即创新型人力资本难以被复制和模仿;三是难以替代性,即创新型人力资本在

[①] 胡永远,刘智勇.不同类型人力资本对经济增长的影响分析[J].人口与经济,2004(3):55-58.

经济增长中的作用难以被替代。

4.2.3　广告产业的人力资本分类

广告产业的人力资本属于行业人力资本的范畴,具有行业专属性质。根据人力资本的定义与分类,可以把广告产业的专属人力资本分为一般型、技能型与创新型人力资本。广告产业一般型人力资本指的是具有初级的广告知识存量和一般的能力水平,在广告产业内的分工为一般劳动者,例如客户专员、审核员、文案专员、设计专员、媒介助理等。广告产业技能型人力资本指的是具有中等的广告专业知识技能,并能够通过这些知识和技能的合理使用完成相应的广告工作,操作技能和技巧较为突出的人力资本,在广告产业中具体的分工为中级文案、媒介策略、客户经理、设计经理等。广告产业创新型人力资本指的是具有价值优越型、不可复制型与难于替代型的人力资本。在广告产业中分为创意总监、媒介总监、数据总监(研发总监)、资深设计、资深文案,此外还包括高级的管理型、企业家型等人力资本。

4.3　技术吸收与人力驱逐:人工智能技术的应用对广告产业人力资本的影响

随着人工智能技术在广告产业中的应用,创新型人力资本的作用越来越凸显,一般型人力资本与技能型人力资本对广告产业的贡献下降。

4.3.1　一般型与技能型人力资本的贬值

人力资本的贬值表现为人力资本价值的降低和存量的减少。贬值的原因来自三个方面。一是人力资本专用性导致的人力资本闲置退化。随着社会分工与企业广度和深度的深化,人力资本的行业属性与企业内部属性加强,人力资本的专用性提升,退出壁垒提高。在面临职业结构转换时,人力资本会贬值。二是体力、脑力的自然退化导致的人力资本存量减少。三是随着科技的进步、高等教育的不断普及,促使社会整体的人力资本增速变快,个体人力资本增速低于外部人力资本增速,导致个体人力资本存量贬值。广告产业对人工智能技术的吸收导致的人力资本贬值属于第三种。如果人工智能的智能增长速度快于个体人力资本的增长速度,必然导致人力资本的贬值。来自利欧的9号受访者:

> 目前来说,比如说它已经可以减少工作量的70%以上了,但是它在减少工作量的同时,反过来使得安全风险或者是出现无意义的组合、不合理的组合风险增加。我要去防控这个风险,投入工作量相比,如果还是划算的话,我是愿意把它作为商品使用的。目前,这个之间肯定还没有达成平衡,我肯定不愿意贸然去做这件事情。

4.3.1.1 失业

人工智能在广告产业的应用,使机器能够胜任一般型与技能型的工作,可能导致一般型与技能型人力资本的失业。比如在广告文案领域,广告文案人员可以分为高阶文案人员与一般文案人员。高阶文案人员也称为顶级写手,主要负责大文案、长文案与创意文案的写作。一般文案人员负责大量写作短文案或标题,这种文案人员以量取胜,比如利欧一般文案人员每天需要写作200—500个信息流标题。人工智能在广告产业的应用将会导致一般文案人员的失业或工种转换。来自利欧的9号受访者:

> 任何一个领域,任何一个行业最终能够胜出和有赢面的人一定有他独特的生存优势。比如在广告文案领域,人工智能进来以后对文案写手的要求更高了,如果你不是一个顶级写手,只能做普通的事情,可能两三年以后你很难找到工作了。在半监督的情况下,也需要人力审核这些文案是否合法,逻辑通顺,但这个人力成本比写文案的人力成本要便宜多了,这就是优胜劣汰。

除了文案人员,一般型与技能型设计人员也会面临失业的可能,来自电通安吉斯的14号受访者:

> 基本上几秒钟几千张出来了,如果让creative去画的话,要画很久。你就在几千张中选,选到合适的,还是要有Art的人在这上面去再精修,原来初级Art就不要了。

4.3.1.2 工种转换:人工智能的半监督人员

人工智能在广告文案方面的应用替代了一部分岗位,同时会延伸出新的岗位,一般型与技能型人力资本可以进行工作转换。比如从文案写作人员转变为文案审查员。文案审查员主要负责审查智能生成文案的通顺性、是否存在常识错误与法律错误。媒介购买人员可以转换成交易员。来自利欧的9号受访者:

> 只要是程序化购买的广告公司,传统媒介人员的确是大幅度减少了,比如说媒介采购人员几乎是没有了,因为一年只跟媒体谈判一次,就不需要再多的媒介采购人员了,但是交易员变多了。现在我们公司的媒介(人员)中,几乎40%到50%的人都是交易员,帮助客户每天看盘,操作细节。

4.3.1.3 工种提升:做高阶工作

人工智能在广告产业的应用,会导致广告产业一般型与技能型人力资本的贬值,但若个体人力资本的增长速度快于人工智能应用的增长速度,成长为创新型人力资本,则会带来工种提升。例如从一般文案人员提升为顶级文案人员,从交易员提升为量化交易员。来自利欧的9号受访者:

> 激进点说,交易员也可以不需要,全部做自动化交易。但在转变过程中,机器交易是从规则学习开始的,交易规则来源于有经验的交易员。有经验的交易员发现这种规则变成机器规则,机器能做之后,他也会担心未来,那么他也要开始学数据库、学编程,他开始把他的规则用机器的语言总结下来,变成量化交易员了。

来自电通安吉斯的14号受访者:

> 比较低端的工作,现在就可以让机器去代替、去做,就是避免重复劳动。对这种现象,大家不用觉得很可怕,好像机器抢掉的是人做的事情,其实机器抢掉的是人不想做的事情。因为一个人,如果工作了三四年,还是一直在做重复的很低端的事情,也不想干,那就要提升自己。

4.3.2 一般型与技能型人力资本需求量大幅下降

一般型与技能型人力资本需求量下降,体现在初级和中级广告岗位对人力资本依赖的降低,机器的替代性增强,可以分为以下两种情况。

4.3.2.1 岗位消失

岗位消失指的是岗位完全由机器来代替人力。其中包括简单文案写作人员和媒介优化。来自利欧的 14 号受访者：

　　我能看到两三年后的情况是低成本的文案不需要人来做了，这个岗位就可以被"干掉"了。机器能够解决的事情，肯定不会用人来做。为什么原来工人会砸机器，现在白领砸电脑这种事情一定会发生。细节交易比如说每天的优化、每周的优化和这种 review 的工作，其实已经不需要人去操作了。

4.3.2.2　数量减小

　　数量减小指的是人工智能技术的应用使岗位对人力资本的需求数量减小，主要表现在消费者分析与广告设计方面基础性人力需求的减少。来自电通 14 号的受访者：

　　如果它可以做出几千、几万个实习生或市场研究人员做的很基础的事情，那它一下子可以给你原来要等很久以后才能得到的结果，这些实习生或市场研究人员的需求数量就大幅下降。

　　关于平面这块，我们几分钟生成几百张图片，然后 Art 人员再去修。视频这块，应该现在还没有达到很好，唯一做的可能就是把背景去掉，把一个人抠掉，替换素材，比如把这个奔跑的马换成斑马。原来可能要很耗工时的，现在用机器来做，很快就能做完，这方面的人力就可以节省。

　　来自宏盟的 21 号受访者：

　　举一个例子：可口可乐投全国 30 多个省区的广告，它需要一个购买团队，规模大概在 20 人，每个人负责一两个省区，但是今天做程序化，可口可乐只需要一个人，只要把设备定好，每个城市的策略分发好，跟媒体对接搞定，剩下只需要像操盘一样，看股票一样，一个人就可以看了，甚至一个人可以看两三个客户。因为是程序化背后的这套平台在做，保证比以前高效得多、省钱得多，这是程序化的一个核心价值。因为以前投中国 30 多个省的广告也不算太复杂，20 个人对口中国 100 多家电视台，一个人对五六家电视台，谈判、价格、做计划、SWOT plan，Excel 表还能看。今天投媒体不一样了，资源位都是几十万、上百万的级别，看的资源不可能看那么几条，直接根据这个事实标签来算，所以这就变成有些活已经是人力达不到的。我觉得程序化的意义在今天就是我们叫 media efficiency 执行上的最小化人工。

4.3.3 创新型人力资本价值增强

尽管人工智能技术替代了大量的一般型与技能型人力资本,但无法替代创新型人力资本。相反,创新型人力资本的价值不断增强。广告产业中创新型人力资本主要包括高级客户人员、消费者分析、高级文案、高级媒介策划、高级设计、创意等人员。

4.3.3.1 高级客户人员

过去广告公司中客户人员主要负责沟通客户需求并协调内部资源达成客户需求。随着人工智能技术在广告产业中的应用,客户人员的职能发生了较大的变化。当下广告业的客户主要是程序化投放的客户,客户人员的职责是建立在洞察基础上的协调者,更偏向执行,而不仅仅停留在沟通的层面。工作内容主要包括两个方面:一是执行策略的咨询,比如对某一个客户的广告投放,RTB 和 PDB 的分配额度,投放流量没有紧缺的情况下,先保量还是保质,需要较强的规划能力,是顾问咨询式的客户人员;二是协调工作,人工智能技术在广告产业中应用,使广告产业链公司类型增多,比如内容公司、监测公司、品牌安全公司、过滤公司、投放平台公司,平均在一次广告运动中需要 5—6 家公司配合,服务器对服务器、执行对执行的细节基础工作需要客户人员来协调。来自宏盟的 23 号受访者:

营销行业里有洞察的 account 的人,我觉得还是类似于以前传统广告公司里的这类人,它不需要特别有硬技术壁垒,还是用这个模式,那我觉得传统广告可以往这个方向转,但是对人员要求再也不像 20 年前啥专业的都可以,要的技巧就是 Excel 加 PPT。未来可能 1/3 的人靠这个还能进来,但另外 2/3,仅仅靠 Excel 加 PPT 肯定是不行的,所以对人的知识结构要求还是越来越专业化、技术化。

4.3.3.2 消费者分析人员

消费者分析是建立在对产品、消费者调研数据的处理、统计、分析基础上的判断。人工智能在对结构化与非结构化数据的处理上替代了大量的消费者分析人员,能够快速地获得和整理数据,但需要专业的人来解读、分析、应用数据。来自电通的 16 号受访者:

多了更多思考的时间,而不是跑数据的时间。比如说关于消费者的资料,以前是一篇一篇的用人眼去看,现在机器已经帮你"跑出来"词云、关联图这些东西。后面我花时间去研究为什么会这样、为什么出现这个分布,后续可能用什么样的广告比较有效,后面这一段的工作时间,我会放得更多,因为这一段是机器代替不了的。

4.3.3.3 创新型文案人员(高级写手)

创新型文案人员指的是创意型文案、长文案的写作文员。创新型文案人员的异质性较强、替代性较弱,人数较少,一般在行业内被称为高级写手、顶级文案(写手)等。创新型文案是人工智能无法替代的。来自利欧的12号受访者:

高阶的,就比如说能够写一个爆款文案的人的价值会更大,生存场景会更好,因为你不是基于我已有的采集到的文案数据去搭配或者是生成出来,你可能是一个完全创新的文案思路,这种文案写手的价值就会很高,贵的文案写手会更贵。

4.3.3.4 高级媒介策划

广告产业智能化背景下的媒介人员是机器和广告主之间的桥梁。媒介人员既要完成媒介策划,又要分析程序化购买的数据和报表。来自利欧的12号受访者:

大的媒介策略还是需要有人,大的方向性的问题广告主还是喜欢因果论,程序化购买是不讲究因果论的,是更倾向于贝叶斯的思路,赌不确定性、发生的概率。所以,纯靠我们这边工程人员、开发人员和算法人员去跟广告主讲的话,一定会打起来的。现在人工智能有这个问题,人工智能算法优化和迭代的调参,为什么调,你们知道吗?然后好多人工智能的一线操作人员就是说他也不知道,机器自己就这么讲起了,就是说他只看到这个现象,然后他只知道下一步该做什么,但是你让他解释为什么会这样子,他也不知道。

4.3.3.5 资深设计人员

资深设计人员指的能够设计出有温度、有内涵、有深刻的消费者洞察的设计人员。来自电通安吉斯的17号受访者:

比如说原来花一个星期去想一张图,现在是机器在前面一个小时已经帮你备好了两三百张或者几千张图，人力可以在这个里面去选择10张20张图，同样还是一个星期交稿，但多了更多思考的时间，而不是整理基础图片的时间，并且可以出好多稿给客户做选择。

4.3.3.6 创意人员

创意人员是创意性思维在广告领域的应用。创意的过程，需要极广的知识面、极强的创意能力，人工智能无法替代，创意人员尤其是高级创意人员具有稀有性，不可替代性。来自生米组成的6号受访者：

> 广告的创意都是人对人的沟通，人跟人这个部分，有情绪、timing、moment、环境因素在里面，AI基本上就没有办法取代。现在人工智能能够取代的部分，是比较低阶的执行部分。比方说电商，现在可以用人工智能把banner很快又多地搞出来，其实这个部分我们不认为这叫创意，这只是一个layout的排列组合，人工智能能处理这个。但是它没有办法到达所谓的creative或者creativity的利益区。

4.3.4 异质性人力资本吸收与岗位创新

人工智能技术在广告产业的应用是产业间外溢的过程，也是人力资本吸收和岗位创新的过程。

4.3.4.1 计算机、数学、统计学等异质性人力资本的吸收

在智能化过程中，不同专业背景的人进入广告业例如计算机、数学、统计专学等专业，成为广告产业必不可缺的人力资本。在数据和人工智能驱动的背景下，广告业务流程智能化，广告业务运作是对海量数据的理性处理行为，广告运作呈现出自动化、程序化的特征，并且能够保证最低的出错率，人脑基本上无法完成。对相关专业人才的吸收成为必然。当下，无论是创业型广告公司还是大型互联网广告公司对这两类人都有极强的吸收意愿，吸引了不少"码农"或数据工程师等有硬技术的人才，最终成为广告产业需要的工程师或工程类人才。来自利欧集团的9号受访者：

> 我们部门（技术部门）的人大部分是计算机或者数学专业毕业的，产品部门的人实际上很多并不是计算机专业毕业，也是其他专业跨界进入这个行业，媒介策划人员基本的底子都是来自数学和统计专业。

来自电通安吉斯的 14 号受访者：

我这个团队有二三十个人，里面没有一个是广告系的，都是计算机系、统计系、数学系的。

来自宏盟的 22 号受访者：

做技术这一块的一大半都是计算工程师，那肯定还是有基础的，必须是要懂写代码、数据库，这些是大学里可以获得的，然后加上一两年的行业经验，可以变成这一类人才。那反过来也可以，懂点广告再学代码，这样就要五六年了。

4.3.4.2 岗位增设

随着人工智能技术在广告产业中的应用，广告公司在部门上与岗位上进行了创新以满足智能化的要求。增设的岗位主要是两种：一是运维工程师，在广告产业中叫运维工程师或者操作工程师。程序化投放会面临很多变化，需要运维工程师在后台做大量的对接工作，把流量接入服务器并进行调试，从而在广告运动中保证广告量不会被消耗。二是运营。运营在很多广告公司被称为操盘手或规划师，职责主要是把广告运动交付和执行，主要工作是将一次广告运动中的 KPI 和目标细化到每天的进度上，"这个进度就变成你(运营)的目标，如果有两个月，你头一个月至少要完成 50% 吧？若只完成 30%、40% 就要命了，或者你不要超得太厉害"，保证进度的工作需要由运营跟系统操作人员和媒体资源多方面协调。来自宏盟的 21 号受访者：

很多策略性的工作都是人来定的，就像炒股一样，炒股票买进卖出的时机点都是由这些操盘手来定的，这是很重要的角色。

除了运维工程师和运营，为适应广告产业智能化新设置的岗位还包括开发人员、产品经理、交易员、审核员、优化师等岗位。来自利欧的 13 号受访者：

广告公司如果向新的潮流变化的话，内部也会衍生出很多新的岗位来，如开发人员、产品经理、交易员、审核员等岗位。传统广告业是根本没有产品经理这个岗位的，产品经理就是说他有这个想法，把它实现的话可能对公司来说有商业价值，但是他不一定去编写程序，但是产品从设计到投入，到后来的检验都要参与。传统广告公司也完全没有开发部门，还有优化师，也是以前没有的,是基于数据报表结果来进行优化的,但随着智能化程度的提升,现在这个岗位也快被机器取代了。

总体而言,从广告产业对人工智能技术的吸收,对人力资本产生的影响来看,人工智能的影响不能完全被忽视,也不能完全扩大化。知道人工智能的能力边界,在其能力边界内发挥到极致,是较为理智的。

基于价值变化的关系网络变迁：智能化的广告产业链

在19世纪末20世纪初随着广告代理制作为广告市场运行机制的确立，传统的以广告主、广告公司、广告媒介为价值传导和供应关系的广告产业链逐渐确立。随着人工智能技术在广告产业中的应用，传统的线性产业链受到巨大挑战，形成错综复杂的关系网络。

5.1 广告主、广告公司、广告媒介：广告产业链的产生与形成

5.1.1 产业链理论

产业链思想最早可以追溯到亚当·斯密的分工理论，他用"制针"和"毛纺"的例子来说明产业链的重要性。① 早期的产业链思想是从企业内部出发，关注企业内部劳动和技术分工合作情况。之后，马歇尔(Marshall)把这种思想扩展到企业与企业之间分工协作所引发的企业群结构，这标志着产业链理论正式起源。1958年，赫希曼(Hirschman)在其著作《经济发展的战略》中应用"关联效应"理论详细阐述了产业链的相关概念及关系。② 之后，

---

① 魏然.产业链的理论渊源与研究现状综述[J].技术经济与管理研究,2010(6):140-143.
② (美)迈克尔·波特.竞争优势[M].陈小悦,译.北京：华夏出版社,2005:36-38.

随着价值链、供应链等理论的兴起,产业链理论得到丰富和完善。

价值链理论最早由迈克尔·波特(Michael Porter)提出,他认为企业是由互不相同而又互相关联的系统构成,企业的价值由这个系统所创造,这个系统内形成了实现价值增值的动态过程,即价值链。可以发现,价值链和产业链有着根本的区别,价值链是从企业层面解释价值实现和价值增值的过程。供应链理论是价值链理论的延伸,产生于20世纪80年代,史蒂文森(Stevenson)认为供应链是由供应商、制造商、分销商、消费者构成的系统。哈里森认为供应链是从采购原材料到生成中间产品再到生成最终产品的过程和功能网络。可以看出,供应链与产业链密不可分,供应链是从微观的原料传递过程来分析企业之间的关联和分工。

1990—1993年,学者在研究课题中最早提出了"产业链"一词,此后很多学者从不同角度对产业链进行了定义。① 第一,从价值链的角度对产业链的定义。芮明杰、刘明宇提出产业链是价值增加的过程,在这个过程中,企业内部和企业之间为生产最终产品或提供最终服务进行的活动,包括了在产品生产或服务创造的过程中经历的从原材料到成品的所有过程。第二,从供应链角度对产业链的定义。张耀辉提出产业链是从原材料到最终产品之间的产业层次,即原材料从上游产业向下游转移,最终到达消费者手中的过程。第三,从技术经济关联的角度对产业链定义。龚勤林提出,产业链是基于技术经济关联,在多个产业部门之间形成的时空分布和逻辑关系的链条式形态和经济活动集合。第四,从战略联盟的角度对产业链定义。产业链是以优势产品或优势企业为链核,以资本为纽带进行连接形成的链条,最终能够使企业的优势转化为区域和产业整体优势和核心竞争力。李心序、李仕明提出,产业链是以具有竞争力的企业为核心所形成的战略关系链,企业之间的关联体现在产品、技术、资本上的协作。第五,从其他视角对产业链定义。吴金明、邵昶提出,产业链由价值链、企业链、供需链和空间链在相互对接和均衡过程中形成的链条。第六,从产业链构成来定义产业链。范燕提出产业链由"链""链体""链核"组成。"链"以企业和产品为节点,以

---

① 吴渭.产业链和利益相关者视角下的农业风险研究[D].北京:中国农业大学,2015:25-28.

物质、信心、资金的流动为基础构成的链条;"链体"包括节点和链条所构成的紧密相连的经济实体,通过链体可以区分链内、链外;"链核"是产业链的主导者,它能主导产业链的发展,也获得超额利润。

由此可以看出,根据研究对象和视角不同,产业链的定义也各不相同,但总体而言产业链体现的是某个产业内的分工与协作关系。

5.1.2 传统广告产业链

广告产业链的形成和确立集中体现为广告代理制的确立。随着广告代理制成为广告业经营机制的确立,传统广告产业形成了广告主、广告公司、广告媒介的产业链:广告发起广告需求,广告公司负责策划与创作,广告媒介发布广告。

5.1.2.1 广告代理制的缘起

在全世界范围来看,以广告产业发展的历史轨迹为视角,可以发现广告代理制的产生、发展和成熟经历了三个时期:一是依附于媒体的版面推销时期;二是脱离媒体的媒体掮客时期;三是独立的专业化时期。在版面推销时期,处于报刊时代,广告代理是以报刊广告代理的身份出现的,其中一部分是报刊人员直接向广告主销售报刊版面,另一部分人不受雇于报刊,但也可以向广告主销售报刊版面,并按照一定的额度收取佣金。这个时期没有独立存在的广告业,而是报业的一部分。随着经济的发展,广告需求量不断增加,版面推销时代的缺点逐渐暴露。因此,一方面,媒体为了更好地扩展广告业务成立广告部,专门经营广告业务。另一方面,不受雇于报刊的版面推销人员同时推销多家报刊的版面,逐渐成为独立的版面代理商,从特定媒体的业务代表发展为专门的版面批发商,将版面零售给广告主,从中赚取利润。这种广告代理具有一定的独立经营性质,但与传统的媒体业务代表有着相似之处,仅仅是代理媒介版面,未有其他专业化的服务。随着市场竞争的加剧,广告主不满足于投放广告,而是对广告内容有了更进一步的要求,媒体掮客很难满足广告主的需求,在19世纪60年代,代理媒体版面但又能提供专门的广告设计、广告文案、广告调查和广告创意的广告公司兴起,广告公司从单纯媒介代理发展为专业化时期,其明显的标志是现代意义上广告代理公司的出现。

18世纪末英国的威廉·泰勒(William Taylor)、詹姆斯·怀特(James White),19世纪中叶美国的沃尔尼·B. 帕尔默(Wally B. Palmer)、罗厄尔(Lowell)都是单纯的媒介代理,也就是报刊广告的代理。现代意义上第一家广告代理公司是1869年在美国费城创建的艾耶父子广告公司。艾耶父子广告公司不仅从事报刊的广告销售,还提供广告文案撰写、广告设计、媒介版面建议等服务,甚至还开展市场调查,为客户提供广告宣传资料。此后,类似的广告公司不断涌现。例如创建于1894年的英国广告公司"美瑟广告公司"(克劳瑟广告公司和奥美广告公司的前身),1880年创建于日本的"空气堂组",1895年创建于日本的"博报堂"和1891年创建于日本的"日本广告株式会社"。据1922年出版的《美国广告代理年鉴》统计,美国的广告代理公司已经达到1 200家左右。独立的专业的广告公司的出现加速了广告产业化的进程,使广告产业成为独立的产业,并不断走向专业化和规范化。

可见,广告代理的发展经历了从版面推销到单纯的媒介代理再到专业化综合代理的阶段,为广告主提供市场调查、广告策划、广告创意、广告设计与制作、媒体计划与购买、广告效果测定等服务。之后,随着媒介环境和市场环境的日益加剧,广告公司不断扩张,走向了广告、促销、公关、品牌在内的整合营销传播时代。另一方面,媒介购买、市场调查、营销策划、创意等专业化程度较高的广告公司出现,广告公司走向细分化。

5.1.2.2 广告代理制的确立

除了大量专业化广告公司诞生之外,广告佣金制也促进了广告代理制的形成。19世纪80年代初,艾耶父子广告公司的创造人F.W.艾耶提出了新的收费建议,即如实向广告主收取媒介版面费,同时按照一定的比例向广告主和媒介收取佣金。之后,美国的柯蒂斯出版公司(Curtis Publishing Company)宣布同意向广告公司支付佣金,但条件是广告公司承担向广告主收取广告费的责任,同时不能将从媒介获得的佣金退还给广告主。后来,这个方式逐渐推广开来,不同媒介的佣金不同,一般为10%至25%之间。1917年,美国广告协会成立,呼吁将广告公司的代理佣金固定为15%,同年,获得美国报纸出版商协会的采纳。

专业化广告公司的产生和佣金制的确立是广告代理制形成的基础。广告代理制的确立是市场发展的产物和内在要求。广告代理制从创立至今已经发展成为国际通行的广告运行机制。广告代理制是建立于分工基础上的交易机制。

5.1.2.3 传统广告产业链：广告主、广告公司、广告媒介

从广告产业前后经济关联的角度来看，广告代理制产生以后，传统的广告产业链由广告主、广告公司与广告媒介组成。广告主是广告活动的发起方与出资方，占据强势地位，处于产业链上游。广告公司向广告主收取购买媒介版面的费用，按一定的比例收取代理佣金，这一收费方式正式建立了广告公司与客户的代理与被代理关系，因此广告主与广告公司之间是一种委托——代理关系（如图 5.1 所示）。广告媒介把媒介资源打包销售给广告代理公司，由媒介代理公司与广告主进行交易，也属于委托代理关系（如图 5.2 所示）。因此，在传统的广告产业链中，广告公司处于双向代理的地位。

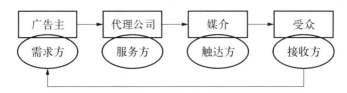

图 5.1　传统广告产业链，广告主与广告公司委托代理模型

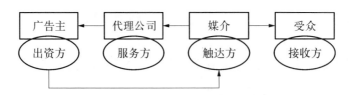

图 5.2　传统广告产业链，广告媒介与广告公司委托代理模型

5.2　环节的增减：广告产业智能化的产业链价值点的变化

5.2.1　广告公司价值的重新确认：去或存"乙方"

发源于欧美的广告代理制是一种市场运作机制。在中国的广告市场

中,广告代理制不是强制性的选择,广告主可以与广告媒介直接进行广告投放活动。20世纪70年代末,广告代理制开始在中国市场运行。近几年,去乙方化成为广告主或广告媒介的新选择。克林(Kling)与温格兰(Wingand)关于电子商务的研究指出:"去中介化是市场中介的置换或淘汰,使不经过代理而直接面对买家与消费者的贸易成为可能(先前存在于制造商与买家)。消费者之间的中介环节或中介职业,诸如掮客、代理等,可能被电子市场经营者或者价值网络所替代。"①广告公司是广告主与媒介之间的中间环节,广告主与广告媒介之间直接建立联系,淘汰广告公司的行为成为"去中介化"。去或存乙方化的本质性问题体现为广告公司的价值问题。人工智能在广告产业中的应用对于广告公司价值的影响可以从不同的维度进行思考。

5.2.1.1 *存乙方:广告公司有无法去"居间化"的价值*

广告代理制存在的必要条件是广告公司有着无法替代的价值:一方面体现在广告公司所具有的无法被替代的核心价值;另一方面体现在广告主将广告业务内部化所面临的困难方面。从前者看,首先,需要人的想象力的工作,广告主无法通过人工智能来完成。人工智能能够取代的是简单重复性的消费者分析、文案、设计等工作,相对较为成熟的领域是程序化购买。但在程序化购买中,策略制定仍然需要人来思考。此外,人工智能暂时无法替代依靠人的想象力的工作,比如创意和策略。来自宏盟的23号受访者:

必须要靠人的想象力的,类似于大创意、策略 strategy 部分,in-house 肯定就比较难吧。

其次,广告公司不仅仅起着投放的功能,还有着服务与整合的功能。从整合的角度看,在人工智能驱动的广告程序化购买中,有很多 Ad Tech(广告技术)公司提供各种各样的工具,但这些工具都是基于广告业务流程中的某个环节例如撰写广告文案,没有形成完整的链条,没办法真正完成广告主的需求。广告公司能够从营销线出发,选择性地使用工具。因此,广告公司能起到整合者的作用,整合工具链。来自宏盟的23号受访者:

因为没有完整的工具链摆在那里,我们就自己造一个把它整进来,所以

---

① 苏俊斌.搜索引擎对传统广告的"去中介化"[J].中国网络传播研究,2011(1).

我觉得这个部分还是靠 agency 从营销的整个故事线出发，然后需要什么工具，有些我们自己做，有些去外包，做一个所谓混合模式。

广告公司还起着服务的功能，主要是营销传播服务与广告资金管理服务。营销传播服务主要包括媒体整合即跨媒体或跨平台的媒体整合与整合营销传播方案的制订。来自顺为互动的 1 号受访者：

代理公司最核心的竞争价值就是服务。直投是可以的，本来就有这样的。你要知道媒体里面分直客户和代理，但是 90% 来自代理。你可以单独去投，但通过代理公司的话，还有很多额外的付出给到你。

来自宏盟的 23 号受访者：

4A 其实干的事情跟支付宝有点像，就是帮广告主管钱，你把钱打给我，我来打给媒体，但什么时候要打给媒体呢？就在他要把广告都执行完了，都确定 OK 了，我才把钱打给他，其实这就有点像支付宝的角色。

最后，广告公司的规模效应带来的数据的完整性。人工智能进行的消费者分析、广告文案创作、广告设计的创作、广告投放与效果应对的关键在于数据，在此基础上对海量数据进行结构化与非结构化的处理与分析。由于广告公司具有规模效应，广告公司的数据更完整。广告公司的数据主要来源于三个方面：一是从广告主处获得的商品数据；二是从日常实际的广告投放中回收的用户数据；三是第三方的数据，主要通过采购获得。通过海量数据能够进行准确的消费者分析。其中大型互联网公司，如百度、腾讯、阿里巴巴、新浪微博等公司的数据是关闭的，但会对大型的广告公司开放更高级的权限，提供综合数据（汇总后的数据即非原始数据、没有明细的数据，无法用于机器学习来优化建模）。因此，与这些大型公司的合作方式是向对方开出需求，由对方来完成算法和建模，直接给广告公司结果。来自电通安吉斯的 15 号受访者：

广告公司有一个独有的地位或者说一个独有的角色——他有机会拿到各种各样的数据。因为广告公司并不是像百度、阿里、腾讯或者银联，他们就只是一方数据，当然他们可以把一方数据做到最精细。广告公司在中间起到了桥梁的作用，他（广告公司）帮广告主去代理各种业务，所以在他这里经手的数据就是每一家大数据公司的数据。那他有可能利用不同的数据源，去拼出一个完整的消费者的画像。对来自媒介、数据公司、客户的数据，我们的角色是怎样把这些东西融会贯通,每一个都发挥出各自的特长。

比如说,平时我可能晒了一张什么图、我去了哪里、我对什么明星感兴趣,这个是阿里系的数据拿不到的。那一样的,譬如说银联是线下的,运营的还有可能是各种不同网站间的跳转的信息等。我们就是综合起来,把这么多数据放在一起做分析,这样的话就会更完整,就可以比较完整地去了解到在消费者的整个生命周期和我这个品牌、这个产品接触的各个接触点。

另一方面,广告主不具备内部处理广告业务的能力。广告主自己完成程序化购买有三种方式。一是开发技术。当下人工智能技术在广告产业中的应用属于高并发的技术,在 300 毫秒之内对每一次广告曝光进行判断,具有较高的门槛,需要较大的资金投入。广告主需要从投入和产出的角度对此进行综合评价,宝洁、东风日产、美赞臣、伊利开始自建 DMP,但大多数广告主没有技术开发的实力。二是直接使用媒介后台进行投放。这就需要人工登录、人工审核。机器交易量有限,广告主无法对流量进行很好的使用,无法完成高频的、精细的交易。比如只要需要的流量,退回或者不买不要的流量。三是借助工具平台完成投放。这个前提条件是从广告主到消费者之间有足够工具(MarTech,即 Marketing Technology)和数据支持形成完善成熟的工具链。但在中国还没有成型的 MarTech 市场,工具链实际上并不成熟。来自宏盟的 23 号受访者:

今天有个小广告主甚至自己创业的,做电商的,在阿里、京东上能找到从 marketer 到 consumer 之间要的各种小工具,在这个上面是可以自己自主的,你看淘宝上的确有一堆商家自主进行营销。但是大品牌广告主,这个是不 ready 的。

5.2.1.2 去乙方:广告公司被"跳空"

美国数字营销协会(Society of Digital Agency)发布的 2015 年度报告显示,27%的品牌正在进行"去乙方化",减少甚至停止与乙方的合作,而转向自建内容中心。另外一些品牌,Netflix 甚至把广告投放和程序化购买业务收回到自己手中,实现对产品数据和客户数据的有效控制。2016 年,百事集团在寸土寸金的纽约曼哈顿新开了 4 000 平方英尺(371.6 平方米)的内容制作中心,联合利华一手整合乙方资源一手创建了 U-Studio 和 U-Entertainment 两大内部内容制作中心。除了百事可乐和联合利华之外,高盛、埃森哲以及欧莱雅的广告内容也转向自营。2016 年 4 月,全球最大的移动通信公司之一斯普林特(Sprint)结束了与埃培智集团(Interpublic)旗下创意和营销公司多伊奇(Deutsch)的合作,Yellow Fan 开始把更多的创意和内容制作交给自家的内容制作机构 Yellow Fan。也涉足在线内容分发和媒介管理,逐渐经营原本外包给阳狮集团(Publicis)旗下数字营销公司乐必扬(DigitasLBi)的业务。埃森哲(Accenture)2016 年针对全球 17 个国家和地区 14 个行业的 1 000 多位高级市场营销经理的调查显示,90% 的受访者认为内容营销策略和执行应该由甲方公司而非乙方公司主导。和乙方相比,品牌自建的内容中心更了解如何生产"有价值的服务"。此外,媒体自营广告也加剧了广告产业的"去乙方化"。"去乙方化"成为广告产业不可回避的问题。

从目前来看,人工智能对广告产业的冲击体现在工具化上,即把人工完成的工作变成了工具化、自动化的生成,程序化平台就是工具化的软件。目前在广告工具(MarTech)中布局的都是 IT 公司,比如甲骨文(Oracle)、思爱普(SAP)、奥多比(Adobe),他们所做的营销云,就是提供营销的一套软件解决工具,这种工具一旦达到可用性、便利性、友好性,广告主广告业务内部化的可能性会大大提升。来自宏盟的 23 号受访者:

去中间化的确是现在广告代理一个很重要的商业模式的转变。最近 WPP 的全球 CEO 叫 Martin Sorrell,辞职了,很重要的是他在 2016 年、2017 年的广告大会中说过"去中间化",这也是一个思路。这种方式以宝洁为首的,叫 in-house,就是尽量自己做,因为工具和市场有点成熟了,不需要 outsource,我搞个广告部让他们自己操作,一个人就能运用这些工具,就是从策略规划执行到中间的计划,到最后的效果检验,全都能用工具去做。那 in-house 的确会变成一种很重要的领域吧,当然一些头部大广告主的确是有这个能力,体量在那里,按这个百分比算出来,跟广告主之间的这个边际,我觉得这个 outsource 和 inhouse 相比,inhouse 供给起来会更好一些。

来自顺为互动的 1 号受访者:

如果今天的客户真的精通到这个团队既能做分析也能做策略还能做整合,知道每一个媒体的价格,知道每一个媒体怎么去谈,知道怎么才能利益最大化,那么的的确确和代理公司也没什么区别,假设创意能力还强的话。

"去中间化"的另一种情况是广告主投放的媒体相对集中单一,且自身具有一定的策略整合能力。来自顺为互动的1号受访者:

> 假设今天我投放预算是30%在头条,头条对于我来说,是占据30%份额的独家的、单一投放的媒体,我不需要横向再去做任何的比较,我也没有其他那么多的创意需求。或者说我和头条签,头条帮我设计,帮我宣传。从创意设计开始到点位的布局到线下活动执行,都能帮我做到,做不到,他会找他的供应商去做,就可以了。

5.2.2 广告产业边界移动:业务边界的变化

广告产业边界的移动指的是广告产业扩大其业务范畴,把原来不属于它的业务领域逐渐合并进来。目前来看,人工智能驱动下的广告产业边界移动表现在两个方面,一是咨询化,二是销售代理化。

5.2.2.1 咨询化

一是前端数据分析的咨询化。来自顺为互动的1号受访者:"广告公司如果往后推10年20年,极有可能变成咨询公司。"随着人工智能对大量结构化与非结构化数据的处理与分析,广告公司可以将前阶段的消费者分析工作单独剥离出来,形成相对独立的工作内容。如果广告主后面需要广告,广告公司根据前面的分析来进行广告创作,广告主也可以找其他公司来做广告,这不仅仅是趋势,也是正在发生的事实。来自电通的8号受访者:

> 我们帮客户只做分析研究,都不做广告的,那这就和现在很多咨询公司是一样的。我们广告公司也会做很多咨询业务,有可能说我就帮你做分析,用刚才那个NLP技术还有分析图片的技术,我就帮你做消费者的研究。然后后面如果你要我做广告,那也OK,因为我可以承接前面的分析再做,当然你也可以拿了我的东西,再找其他广告公司做。

二是广告活动的咨询化,指的是针对广告主的"去乙方化",广告公司不再承接广告的具体操作和执行业务,而是从策略层面提供顾问式咨询。在一次广告活动中可能要与五六家公司对接,广告公司提供咨询服务能够降低交易成本、提升效率。比如,策略组合选择,即在PDB或者PD投放的比例、应该选择的媒体,流量有没有紧缺的情况下先保量还是保质;合作商选择,即在工具链、监测公司、品牌安全、投放平台的选择与对接。

5.2.2.2 销售代理化

代理化主要指的是广告公司不仅代理广告业务也负责产品的销售,从广告带动的产品销售中获取提成,广告的计费方式是按照CPA(即Cost Per Action,行为作为计费指标包括注册、咨询、放入购物车等)或CPS(Cost Per Sales,即按销售付费。以实际销售产品数量来计算广告费用,CPS广告联盟就是这种计费方式)。这样广告公司就由广告代理商向销售代理商转化。来自顺为互动的8号受访者:

> 广告主说你不是号称你的数据"牛"吗?那这样好了,你每卖一个东西我分你1角钱。这种模式下,我们不是广告商,我们是销售代理商。所以说,很多服务电商的DSP公司,它不是电商代运营公司,但是现在已经承接了从广告到销货一条龙的事情。

由广告代理商向销售代理商转化体现了广告主对数据和效果的不信任,对广告公司提供的转化率、点击率、展示量等数据存在怀疑。一是由于在广告程序化投放中存黑箱,广告主无法直接清晰地看见广告效果;二是数据造假等广告行业存在的问题,例如水军灌水、数据黑幕等;三是广告公司为了拿到订单,满足广告主对ROI的要求,夸大ROI,导致广告主对ROI不信任。来自顺为互动的1号受访者:

> 这个行业做程序化购买的公司,成也在这,败也在这。以前客户哪有对ROI要求那么高的,腾讯广点通到今天为止ROI才多少啊?不同的品类通过投腾讯广点通产生的ROI是不一样的,最高才能做到一比两点几,一比三已很了不起了。客户现在动不动要求一比五、一比十。你怎么做?

来自利欧的11号受访者:

> 其实是这样,因为广告主手上没有技术,他对技术完全看不懂的时候,他一定会担心自己被骗。

5.2.3 异质性凸显:广告产业链上不同类型的公司

人工智能加剧了不同广告公司的差异化,使广告主、广告公司与广告媒介的产业链发生了变化,产业链上不同类型的公司增加,形成了多种多样的连接方式和产业关系网络。来自电通的16号受访者：

人工智能加剧了广告公司的差异化。有一些公司，可能擅长利用这一块的，那他会发展成这一块技能的综合体。有一些公司，可能认清了这一块不是他的强项，然后他把他原来需要人做的事情再做好，等于大家往两个方向走，这也没问题。就怕有一些在中间，他也不清楚自己要不要做这个，然后没有方向。

5.2.3.1 传统广告公司

传统广告公司指的是诞生于传统媒介环境时期的广告公司，以4A广告公司为代表，可以分为国际性的4A广告公司与本土4A广告公司。传统广告公司主要承接电视、报纸、户外等广告业务，核心竞争力是创意与媒介：创意主要是电视广告与平面的创意，媒介主要是传统媒介的投放。国际4A广告公司一般是伴随着国际性的广告主进驻中国市场，其主要服务的是国际化的广告主，比如OMD在美国的客户，这个客户在中国的业务就会直接由OMD来做。但是，广告产业智能化的背景下，从策略、创意、内容制作、投放一直到监测，传统广告公司的能力集中在传统端，不具备人工智能技术背景下广告公司的业务能力。

5.2.3.2 创意公司

创意公司指的是专注于创意的广告公司。创意公司不承接投放业务，只提供广告创意作品，向广告主收取创意费。创意公司的特征包括：一是创意公司的创意原理在于注意力设计与社会设计。注意力设计指的是针对用户的注意力进行设计，而不仅仅是创作电视广告或平面。社会设计指的是在设计里加入公众感兴趣的社会公共议题，比如爱护动物、保护环境。二是创意是人对人的沟通，人跟人的沟通受情绪、时间点、成长环境等因素的影响，是人工智能无法替代的。如前引来自生米组成的5号受访者：

用人工智能的方法把banner很快又多地做出来给顾客选，其实这个部分我们不认为叫创意，这只是一个layout的排列组合。人工智能能处理这个，但是他没有办法到达所谓的creative或者creativity的那个利益区。

人工智能时代的创意公司与传统广告公司所提供的创意有较大的区别。传统广告公司分为多种类型：基于电视的传统广告公司，主要是聚焦于电视广告脚本创作，电视广告片的拍摄；基于报纸和户外的传统广告公司,主要局限于平面设计;基于广播的广告公司主要是文案创意。当下,新型创意公司的创意包括声音、动画并且可以产生交互、被点击追踪、实时替换素材、被社交分享,甚至很多互动创意可以直接点击购买。以传视频创意为例,电视端与数字端的区别在于:数字端的创意必须在5—8秒抓住用户的注意力,否则用户在15秒内会跳出,更适合利用碎片时间播放广告;电视端观众更换频道的频率更低。所以,电视端可以拍摄5分钟的广告,移动端的广告更紧凑。用户的场景、使用习惯和注意力的变化都是造成数字端与视频端不同的原因。此外,创意公司的创意还包括基于产品与广告媒介的创意。首先,在创意公司与品牌的合作过程中,创意公司涉入对方的产品研发过程,以加大产品的差异化。创意公司的创意不是改变广告主的核心产品,而是改变附加产品,主要是产品中对社会议题或者与消费者情感关联的部分。其次,广告媒介的创意,创意公司不仅做广告传播部分,也会创新广告媒介。例如在田野调查过程中发现的创新广告媒介案例,生米组成为某牛奶公司所做的创意,在每箱牛奶中,放入一张海报,这张海报的功能主要是教会儿童识别隐私部位,触碰图画中相应的隐私部分,海报会发出声音。这使过去平面的海报变得立体,触碰有声音。

整体上看,创意公司与传统广告公司的创意具有本质的不同,与传统广告公司的创意部门也完全不同。除了广告作品的创意,基于产品、广告媒介的研发和创造是其核心竞争力,也是创意公司具有强大生命力的关键。

5.2.3.3 基于互联网的综合服务公司

基于互联网的综合服务公司也叫全案公司,比如好耶、华扬联众、利欧股份、蓝色光标等。综合服务公司的服务范围较为广泛,包括创意、投放、技术等所有业务,整体来看更偏向于投放。对于综合服务公司来说最为重要的是如何建立竞争壁垒。

5.2.3.4 数据公司

广告活动需要大量的数据作为支撑,数据来源主要是三个方面:一是商品数据,这些数据主要由广告主提供;二是用户的数据,广告公司从实际广告投放中回收得来;三是第三方数据,即向数据公司采购的数据。大型的公司例如腾讯、阿里巴巴、新浪微博、百度的数据是不对外开放的,也不进行数据交易。第三方数据公司是通过爬虫技术等技术形式开发和加工数据,他们会对数据进行标签处理,以便于更好的销售。这些数据公司的数据销售也不仅仅限于广告行业,金融业和征信行业也是重要的领域。来自顺为互动的 4 号受访者:

现在收费开源的合作者有 50 多万家。

5.2.3.5 技术公司

技术公司指的是在广告运作过程中提供技术支持的公司,可以分为三个类型。

一是监测公司。监测公司主要是监测广告的投放情况,主要是针对数据造假,解决广告投放可追踪的问题。例如,有一些网页页面较长,只要这个网页被打开,任何一个页面拆出的广告位都被认为是投放了,但也可能消费者只打开了第一页,没有往下看,广告并没有曝光,但这次投放被计数了,广告主认为这种情况属于可信性问题,就出现了解决这个问题的第三方公司即监测公司(Ad Serving 公司)。监测公司通过技术方式,在广告投放期间,实时进行广告投放的控制与优化,使广告主拥有"广告投放的控制权"。在国外,监测公司是广告跟踪公司的升级版,主要承担着计数、品牌安全、反作弊等功能。而国内,基于推送量购买的产生,以及广告投放 KPI 的不同,监测公司更多的是帮助广告主完成创意的轮播及优化,推送量优选情况下跨媒体控频优化以及和 DMP 共同完成目标人群优化。当下监测公司有传统的第三方监测公司秒针、精硕科技(Admaster)等;新兴的广告环境验证公司 Sizmek、腾徽软件(RTBAsia)等;免费在线网站分析工具百度统计、谷歌 GA 等;专注移动监测的公司腾云天下(Talkingdata)、友盟等。

二是广告工具公司。广告工具公司是围绕产业生态形成的辅助型工具开发公司也叫 MarTech 公司。这些公司根据广告产业链上的特定业务环节提供服务,例如筷子科技提供程序化创意,广告主只需要提供原始素材,机器算法能够组合出海报或其他设计,通过小规模的投放测试,淘汰不好的设计,快速地修改较好的设计,形成二次创意,再投放测试,最终得到最优化的组合,再进行大规模投放,这种创意转化率会很高。

三是流量聚集的技术平台,即 SSP 公司或 APP 联盟和买方的 DSP 公司。SSP 公司是一个流量聚集的平台,在大型的媒介平台比如腾讯、头条自营平台后,SSP 公司聚集一些小网站,广告投放时广告公司直接跟 SSP 对接流量。APP联盟主要聚集APP流量,DSP公司和APP联盟对接。比较有代表性的公司有品友、舜飞等。来自顺为互动的2号受访者:

> 我不可能今天要采购流量,我找一个个网站谈吧,这不可能。那有SSP的生存空间了吧?

5.2.3.6 媒介公司即程序化购买公司

媒介公司指的是以广告投放为主要业务的广告公司,在智能化背景下指的是DSP公司。媒介公司专注于广告投放业务,不接受创意、策略等其他广告业务。当下的程序化购买公司可以分成两种:一是PDB和PMP公司。PDB(Programmatic Direct Buy)购买,PDB是一种媒介购买方式,面向的资源不在公开交易平台上交易,更为固定和优质,购买价格也在投放前就已经确定,包含视频、展示类等广告资源的购买,是广告主常规购买的优质资源。PMP(Private Market Place)是私有化的交易场所,提供的是有质量保证的优质广告。在PMP中,媒体可以放入优质广告位,提前确定价格,能够达到溢价,也方便广告主做预算。PDB和PMP占用的都是20%的优质广告资源,属于二八定律里面20%的部分。这种类型的媒介公司资金量要求较大,一般是依附于大的上市公司。来自利欧的8号受访者:

> 它已经分化成这样了,利欧做的就是PMP和PDP,然后openRTB市场我们都撤出了。我得先把20%的利润做光了,没有增长点的时候,再去做长尾流量,现在头部的20%的利润还没做完呢,那我就没必要去那边做。其实高端市场永远是主流。每个广告主所谓的高端是不一样的,实际上就是对他来说最有价值的消费者在哪里,你只要找到这个最有价值的消费者,基本上你的市场就可以占满了,然后你再扩散到潜在市场,再扩散到其他市场。当然你会发现,你在这个时候一定要有优先权,因为在这个市场,和你一样的要抢这堆人(消费者)的其他竞争者是有的,拿到优先权的话,你就必须得进到PMP池子里面,如果你的竞争对手去PDB池子里面,就是他拥有最多的选择的话,那你必须得去跟他抢,否则的话,是你的竞争者先拿到了之后,剩下的留给你,你再挑,那你无论怎么挑都挑不到业务。

二是OpenRTB公司。OpenRTB(Real Time Bidding)是利用第三方技术在数以百万计的网站或移动端针对每一个用户展示行为进行评估以及出价的竞价技术。OpenRTB起源于美国,是最早的程序化购买方式。与

PDB 相比,RTB 的资源在公开交易平台上进行售卖,购买价格和数量在投放前不能确定,在动态实时中确定。目前,RTB 市场逐渐缩小,占据程序化购买市场不足 30% 的份额。RTB 属于广告资源中的长尾流量,规模较大、利润率较低。RTB 公司大多是独立的第三方未上市公司,这种程序化购买公司没有较强的资金支持,凭技术手段,集中在中部市场或者是底部市场,在长尾市场获取利润。来自利欧的 8 号受访者:

在"垃圾"里面再捡一点"金子",反正头部市场都已经"吃"完了,剩下的那点剩菜你再去挑,觉得好的你再去挑出来。

5.3 多样性:广告产业智能化的产业链网络

随着广告产业智能化的发展,广告产业链发生了深刻变革,从广告主、广告媒介、广告公司的产业链转换为多种产业链并存。除了广告主去中间化即广告公司自建 inhouse 广告公司以外,广告产业链具有多样性。

5.3.1 inhouse 与对接多种异质公司:广告主主导型产业链

广告主主导的广告产业链的运行方式与传统的委托代理制有较大的不同。传统的委托代理制,广告主将广告业务委托给广告代理公司,广告代理公司主导广告过程。广告主主导的产业链的第一种方式是去乙方化、建立 inhouse 广告公司。第二种方式是对接多种异质公司。在广告主主导的广告产业链中,广告主建立广告代理库(agency pool),在每一个业务环节有一个主导型的代理(leading agency),比如品牌类、媒介类、文案类各有不同的主导型代理公司。来自宏盟的 23 号受访者:

广告主要管理他所有的 agency,他有个 agency pool,Branding 有个 leading 的,然后 Media 有个 leading 的,大广告主都是这种套路。

在与广告主对接的广告公司中,主要包括两种类型。一是媒介与创意型广告公司。广告主导的产业链,广告主在比稿的过程中将媒介与创意分开进行,在垂直领域寻找合适的代理机构。广告主的市场部门也分成媒介部门和创意部门,分别负责跟媒介公司、创意或品牌公司对接。当媒介与创意有冲突的时候,广告主的市场总监会从整体上平衡,一般更偏向品牌。来自宏盟的 23 号受访者:

客户常常都会媒介归媒介比稿,创意归创意比稿,完全是两摊生意。创意那部分叫生产(production),是我们不管的,我们不做生产,我只做搬运,我们是广告的搬运工。客户内部的 marketing 部门都会分 Media 部门,媒体预算 90% 的钱在这里,所以要的都是这种有执行效率的人,然后创意部分他们有 creative 或者 branding 的,然后管创意部分,他们会跟市场上的创意公司合作。

二是 MarTech 公司。广告主主导型的产业链,需要对接的还有围绕广告产业生态的开发工具的辅助型公司,即 MarTech 公司。当下的 MarTech 公司主营业务一般围绕特定的业务环节展开,比如筷子科技专注于程序化创意,将广告主提供的元素和要求,通过人工智能的算法组合出创意(包装、平面、设计等),然后通过人工智能来评测效果进而修改,整个评测修正的过程大致一两天,得到最优化的组合,再进行大规模投放,转化率可能会更高。

5.3.2 产业链内部化与整合支持机构:广告公司主导型产业链

广告公司主导的产业链类型与传统的广告产业链相似,广告公司代表广告主处理从调查到投放的一系列广告业务。广告公司主导型的产业链也可以分成两种类型:一是广告公司产业链内部化,二是广告公司整合不同类型的公司。

5.3.2.1 动因及运行方式:广告公司产业链内部化

广告公司产业链内部化是当下广告产业链发展的重要趋势。例如,利欧数字集团内下属的聚胜万合(MediaV)、万圣伟业、智趣、微创等是媒介购买型公司;氪氪是整合代理型公司,关注于营销方式的创新;琥珀是创意型公司。利欧通过对不同类型广告公司的并购,在内部形成了产业链。综合代理类公司日本电通广告公司合并了安吉斯,安吉斯是程序化购买公司,传统公司环球网络公司(BBDO)与程序化购买公司宏盟合并。蓝色光标投资了优易互通、多盟、亿动广告传媒(Madhouse)等几家独立公司。通过这些兼并行为使广告产业链内部化，形成内部价值链。

内部价值链形成原因主要包括三个方面。一是规避行业排他性限制。在广告产业链内部化中，一般同一类型的公司只有一家，但媒介型例外。例如利欧数字集团内部下属的聚胜万合（MediaV）、万圣伟业、智趣、微创都是媒介购买型公司。蓝色光标投资的优易互通、多盟、亿动广告传媒（Madhouse）等也都是媒介型公司。由于不同行业的广告主会选择不同的广告公司，例如旅游类的广告主会选择专注于旅游类的公司，多家同类型媒介公司并存能够规避排他性限制。媒介也有排他性限制，选择不同的广告公司来代理不同的行业。规避行业排他性限制还体现在广告行业的传统惯例上，比如广告公司不能代理竞争对手的广告业务。来自利欧集团的8号受访者：

这个是最简单的事情了，抱团分客户。媒体也不会让一个代理商独大，他会让这家去做这个行业的核心代理商，但是其他行业就不能做，那这样的话，另外一家公司就来做那个行业，那我就可以再把媒体包起来。然后在广告代理这边，广告主说你的这个团队做了我的生意，我竞争对手的生意就不能做了，那我说好，我们集团的其他公司就可以去了。

二是提升中标率。在没有行业排他性限制的情况下，广告公司的产业链内部化可以提升提案的中标率。来自利欧集团的8号受访者：

有些行业如果头部的买方、卖方不限制的话，我们就去"围殴"。

三是降低交易成本。广告公司产业链内部化的优势还在于降低交易成本。交易成本理论由科斯在1937年提出，基本逻辑是经济体系中企业的专业分工与市场价格机能的运作产生了专业分工的现象，进而形成企业机制。它是人类追求经济效率所形成的组织体，但企业间的交易会形成交易成本。由于交易成本泛指所有为促成交易发生所产生的成本，因此很难进行明确的界定，不同的交易往往涉及不同种类的交易成本。总体来看，交易成本主要包括搜寻成本、信息成本、议价成本与决策成本。在很多广告业务中，由于广告公司之间的分工不同，需要合作，这就涉及交易成本。例如顺为互动是媒介类程序化购买公司，在一些业务中需要创意类公司的合作，同一个创始人的生米组成成为良好的选择。来自顺为互动的1号受访者：

因为合作的效益能够更好地满足客户需求，所以我们会合作，而不是因为我们有这样的关系而合作。一方面有默契,另一方面因为一加一大于二。比如说顺为不会自己去拍视频,顺为如果接下,没有生米,我们也会外包给其他公司做,有了生米,那我第一选择就是生米。

内部价值链形成的运行方式也可以分成两种。一种是平台溢出型价值链。利欧是平台溢出型价值链的典型代表。利欧集团的技术研究设置在总部,形成一个大的平台,技术效应溢出到每个子公司。通过总部人工智能技术,为琥珀和氩氪提供智能文案生成技术,以提升文案效率,为聚胜万合(MediaV)、微创、智趣输出程序化购买技术,以提升投放效果。来自利欧的8号受访者:

技术支持是在总部,我们利欧的产品研发中心搭盖完整个技术体系之后,只要是利欧下面的公司,都可以用。尤其是MediaV、微创、智趣这三家其实交易模式都一样,只不过分配的、面对的客户和媒体是不同的。这个东西(人工智能技术)做完之后,把参数改一改,不同行业都可以用了。

另一种是补充合作型的价值链。补充合作型价值链指的是没有固定的合作机制,而是根据业务的补充性来合作,这种合作一般是以一次或一项业务为单位来展开的。来自顺为互动的8号受访者:

顺为创意部的能力没有生米那么强,这个东西术业有专攻。生米组成的很多idea是在顺为提案过程中能让对方眼睛一亮的,我就可以先把他放进来。

5.3.2.2 广告公司整合多种类型支持机构

随着广告产业智能化的发展,广告产业链上的机构类型越来越多样。除了产业链内部化的趋势外,另外一种趋势是广告公司掌握核心内容比如广告投放,代表广告主成为广告决策者整合其他业务内容。来自宏盟集团的21号受访者:

Ad Selection就是站在广告主端,做决策这个事情的引擎,就DSP的引擎是我们在做,然后剩下的东西如果我需要,比如品牌安全的,我去找一家整进来,我需要DMP的,我不会去搞DMP的,这个我明明能"背书",我去找一家整进来,你(广告主)来挑,行业里需要什么,我就往这里面整,但核心的那个东西是我们的。

总体来看,广告公司需要整合的机构包括以下两种类型。一是SSP公司或 APP 联盟。SSP 公司是一个流量聚集的平台,在大型的媒介平台比如腾讯、头条自营平台后,SSP 公司聚集一些小网站,广告投放时直接跟 SSP 对接流量。APP 联盟,主要聚集 APP 流量,比较有代表的公司是品友、舜飞等。如前引来自顺为互动的 8 号受访者:

我不可能今天要采购流量,再找一个个网站谈吧?这不可能,那有 SSP 的生存空间了吧?

二是品牌安全类公司。品牌安全类公司主要解决广告可追踪的问题,比如解决虚假流量的问题。来自宏盟的 22 号受访者:

有人刷假流量,就有人要解决可视性问题。有一些广告页面长达五六页,在任何一个页面拆出一个广告位,像素都被 serve 了。这个广告已经被 serve 了,其实不对,我看都没看到,都没滚下去,就广告像素都没在你屏幕上露出来,结果还被计数了,这是不合理的。广告主说这个属于可信性问题,要解决,那就有第三方公司来解决这个问题。

5.3.3 媒体自建 DSP:广告媒介主导型产业链

在过去的交易中,SSP 与媒体对接,广告公司需要调取流量时通过 API 接口来进行对接。媒体主导型产业链表现为强势媒体自建 DSP 与广告主进行对接,例如腾讯自建了广告通,来对接腾讯的流量。目前,新浪、网易、今日头条都自建了 DSP。在广告媒介主导型产业链中,广告媒介直接与广告主对接完成广告投放业务。来自顺为互动的 2 号受访者:

比如说以前 SSP 对接百度,我和百度签协议对接它的流量,我要用的时候就调取它的流量,它有 API 接口的就都是开放的。那它有剩余流量,我和它一对接,广告就发出去了。媒介自建平台后,那更加简单了,我都不用自己建一个 SSP 系统,那比如说你是新浪、网易,我直接 DSP 跟你对接就好了。

来自宏盟的 21 号受访者:

在整体来看,客户的 CMO(市场营销总监)还是看品牌为主,然后 Media 只是一个辅助的,把 KPI 设好运用就行了。但今天也不是这样的,今天媒体太重要了,而且媒体太强势了,CMO 对于媒体的介入是越来越深了。

广告媒介主导型产业链的缺点在于,无法进行高频、精细的交易。广告主只能通过人工登录、审核,机器的交易量有限,广告主仅仅使用DSP,没有PDB的介入无法调取比实际需求更多的流量,结果是高频的精细的交易无法按成。来自利欧的9号受访者:

广告主就没办法操作,比如说我要的流量我拿走,我不要的流量退回给你。这种情况这个事情广告主是做不了的,或者说我不要的流量我根本不买,高频的、精细的交易它就做不了。

另一个缺点在于无法为广告主提供整合的跨平台广告业务。媒介内部广告部门只负责本媒介的广告业务,但大多数广告主的广告投放是多种方式、多种媒体同时进行的,媒介主导的广告产业链无法满足广告主的这一需求。

6

产业涨落：广告产业智能化的进入壁垒与市场集中度

产业主要是从卖方角度来界定，所以产业涨落指的是卖方（广告公司）的数量、密度、市场份额、主导形态的变动情况。产业的进入壁垒与市场集中度是体现产业涨落的关键因素。

6.1 产业进入壁垒：广告产业智能化的进入门槛

产业进入壁垒的概念最早由贝恩（Bian J.S）提出。贝恩将进入壁垒定义为"一个产业中原有企业相对于潜在进入企业的优势。这些优势体现在原有企业可以持续地使价格高于竞争水平之上而又不会吸引新的企业加入该产业"。[1] 根据贝恩的定义，进入壁垒指的是产业内现存企业所具有的使自己的产品或服务的价格处于产业竞争性价格水平以上并使自己获益，但又能够通过价格阻止潜在企业进入的优势。这种优势，一方面能够为产业内现存企业带来较好的经济利润，另一方面能够成功阻止潜在进入者进入产业。可见，进入壁垒指的是潜在进入企业或新进入企业不能够获得利润，但产业内现存企业能够获利的优势因素。

芝加哥学派的代表人物斯蒂格勒（Stigler）从成本的角度对进入壁垒进

---

[1] 李世英.市场进入壁垒与产业的市场绩效研究——对中国制造业的实证分析[J].经济体制改革,2005(8)：121-124.

行了进一步探索。他认为产业进入壁垒形成的原因是产业内现存企业与潜在进入企业在市场需求和经营成本上的差异，即潜在进入企业想要获得与现存企业相同的市场份额或者在绝对成本、产品差异化、资本条件和政府规定方面获得相同优势，所需要的投资成本或承担的风险要大于产业内现存企业，这就形成了潜在进入企业与产业内现存企业的不对称性。这种不对称性使在与产业内现存企业竞争时，新进入者处于劣势地位，直接体现为相对于产业内现存企业，新进入企业的产品或服务要么价格更高，要么投资回报率更低。

德姆塞茨(Demsetz)从"管理"和"产权"的视角对进入壁垒进行研究。德姆塞茨从自由市场理论出发，认为政府或行业管理是对自由竞争市场的干预，这种干预导致生成或经营成本提升，提升的成本常常是新进入企业承担的比例更大。之后，德姆塞茨从产权理论的视角研究产业进入壁垒。他认为产业进入壁垒形成的基本条件是产权明晰。产业进入壁垒实质上是新企业进入产业时所花费的成本，明晰的界定产权有着重要意义，因为这样能够明确权利的拥有者和义务或责任的承担者。因此，明晰的界定产权能够确认新进入企业的行动方式以及由此引发的成本。

上述学者对产业壁垒的研究具有两个共同点。一是产业进入壁垒是相对于潜在进入企业，产业内现存企业所具有的市场势力或市场优势。尽管按照不同学者的解释，引起这种市场势力或市场优势的原因不同。二是产业进入壁垒是产业内的现存企业获得垄断利润或高盈利收益的重要来源。产业进入壁垒是潜在进入企业面临的阻碍因素，也是产业内现存企业所具有的市场势力或市场优势。因此，产业内现存企业阻止潜在进入者进入，凭借产业进入壁垒来行使垄断或卡特尔行为，进而获得高于市场的竞争性收益或高于正常的投资回报率。总体来看，产业进入壁垒形成的主要因素包括以下四个方面。

绝对成本。如果产业内现存企业的单位生产成本低于新进入企业，从而使产业内现存企业能够把价格定在稍高于成本之上而又低于新进入企业的单位成本，这就说明在位企业具有绝对成本优势。"对于一个特定产品而言，潜在的进入企业应该能够在进入之后实现与原有企业一样低的平均成本。这就意味着：首先，原有企业在购买或取得任何生产要素(包括投资资金)方面不应具有价格或其他优势;其次,新企业的进入对任何要素的现有价格水平不产生可观察得到的影响;最后,原有企业在利用生产技术方面没有特别的优势。"①

规模经济。贝恩提出,如果一个最小最优规模工厂的产量是一个竞争价格水平上需求量的重要组成部分,新进入企业会面临困难的选择。如果新进入企业以较大规模进入市场,一定会引起产业内现存企业的注意和反击。如果新进入企业以较小规模进入市场,与产业内现存企业相比又有着成本经营的劣势。因此,规模经济会成为产业的进入壁垒。之后,斯蒂格勒对贝恩的理论进行了修正,他认为如果新进入者与产业内现存企业有着相同的单位成本,规模经济就无法形成进入壁垒。他认为新进入者如果能够与产业内现存企业产量相同,则会与产业内的现存企业有着一样的成本。规模经济是新进入企业与产业内现存企业共同面对的,而不仅仅是新进入企业单独面临的。之后,鲍莫尔(Baumol)、帕恩查(Pancha)和韦利格(Willig)对规模经济进行了研究并提出了沉没成本的概念。他们认为只有产业内现存企业具有造成新进入者沉没成本的规模经济才能使规模经济成为产业进入壁垒。

产品差异化。产品差异化指的是在消费者心中存在的不具有完全替代性的同类产品。买主对非常类似、相互可以替代的一类产品之一的偏好……也可以是由于不同的买主具有不同的购买习惯或偏好类型,因此,所谓的偏好不同于普遍接受的对竞争产品的评级或排序。② 新进入者无法快速复制消费者的品牌偏好或现有企业所积累的信誉优势,这会导致为了影响消费者,新进入企业需要花费更多的单位成本,这就形成了产业进入壁垒。斯蒂格勒认为,只有当新进入企业在形成产品差异化时所花费的费用比产业内的现存企业高,产品差异化才能构成进入壁垒。如果产业内现有企业产品差异化是由或部分是由广告、营销所形成,广告、营销活动的成本才成为进入壁垒。

资本条件或初始投入成本,即必要资本量,即在最小有效经营规模下

---

① 李世英.市场进入壁垒与产业的市场绩效研究——对中国制造业的实证分析[J].经济体制改革,2005(8):121-124.

② 同上①。

从事生产或经营所需要的最低资本。必要资本量指的是新进入企业进入市场时必须花费的资本。不同产业之间所需要的必要资本量不同。对于必要资本量投入较大的产业，潜在进入者需要筹集进入产业所必需的资本。这会对潜在进入者带来困难。如果潜在进入者无法筹集到必要资本量，产业内现存企业将持续获得超额利润。因此，必要资本量就成了产业进入壁垒。

根据进入壁垒的概念，广告产业智能化的进入壁垒指的是现有智能广告公司所具有的，相对于潜在进入企业或新进入企业的市场优势或势力。广告产业智能化的进入壁垒包括众多因素。

6.1.1 数据壁垒：广告产业智能化的核心门槛

数据及其颗粒度是广告实现智能化的关键性因素，不同于GDPR（《统一数据保护条例》）形成的欧洲数据隔阂，中国的数据隔阂形成的主因在于商业。正如顺为互动的受访者所说"这有保护色彩的"。其中，BAT分别占据了搜索、社交、购物数据，其数据不对外开放引起数据孤岛。智能化的消费者洞察、广告设计、文案创作与广告投放都需要数据作为支撑和依托，否则无法实现。因此，数据孤岛成为广告产业智能化的进入壁垒。来自宏盟的22号受访者：

你要有好的数据才能产生好的营销效果——但是数据是在BAT手里。我觉得程序化市场目前有点不明朗，数据这部分缺了一条腿。或者BAT又慢慢能够增加更多的开放，这对程序化市场来说肯定有好的地方。我们是不存在所谓第三方数据交换市场的。市场上有很多卖数据的公司，但是始终没有形成真正的商业体系。

来自电通的14号受访者：

数据是最大的问题。因为很多东西，你有钱也买不到，不给就是不给。真正有价值的东西，坦白说算法那些不是最核心的，最核心的是数据。

6.1.1.1 BAT数据及数据孤岛

BAT分别占据着搜索、社交、购物数据，这是当下网络环境中质量最高的数据。但由于商业及政策的原因，BAT数据不对外开放，只由BAT开发,形成了数据孤岛。

一是BAT拥有高质量的数据。搜索、社交与购物基本反证了一个消费者的真实数据与消费卷宗。腾讯拥有微信与QQ的社交数据,阿里巴巴拥有支付宝体系、淘宝商城及新浪微博的数据,百度拥有地图及搜索数据,其数据有各自的优势。最为重要的是BAT拥有的数据真实,能够体现消费者的生活、兴趣和轨迹。来自电通的安吉斯的15号受访者:

我们用下来觉得BAT的DMP质量还是有的,尤其是对性别年龄的判定,还是很准确的。

来自宏盟的14号受访者:

BAT推出来的数据DMP一定是质量最好的,而且他们的数据标签,尤其阿里是大量的购买数据,这是高质量的,腾讯也是对你的行为爱好判断非常准的,我认为这才是含金量特别高的数据。

二是数据孤岛的形成。BAT的数据是封闭的,不对外开放,但是对大型广告公司有更高级的权限。针对大型广告公司,BAT会提供综合数据,即汇总后的数据而非原始的有明细的数据,这些数据无法用于机器学习、优化、建模等,只能根据特定的需求使用。来自电通安吉斯的14号受访者:

因为你已经算好的东西,我就没什么好算的了,也算不了。在这边的话,和他们的一些合作,就只能把需求开给他们,让他们来完成算法和建模,然后我们来拿结果。

对中型和小型广告公司,BAT的数据是封闭的,即不提供任何数据。因此从数据意义上看,中小型广告公司的数据壁垒要大于大型广告公司。来自顺为互动的1号受访者:

BAT的数据想都别想,接不了,我们不会去做这样的事情,这个是伪命题,代理公司不做这样的事情。只有他们自己能做,不是代理公司能做的。这个不是我想实现就能实现的,逻辑很简单,但是背后太复杂了。

最近一两年,BAT有开放数据的趋势。阿里巴巴的数据不对外开放,但可以把流量导进阿里,在阿里里面进行选择、投放。受到脸书隐私泄露事件的影响,腾讯稍微开放的数据受到影响,关掉DMP,不支持程序化投放了。未来数据的开放程度还取决于公众的接受度、法律允许的程度。来自宏盟的 21 号受访者：

> 他怕这个东西被投资人抓住小辫子，这个事情影响起股价来不是开玩笑的，你想脸书掉下来多少啊。

三是数据孤岛形成的原因。从商业效应看，数据的商业变现能力是较强的。腾讯数据在市场上的定价是媒体花费的 6% 到 8%。比如一次广告活动的媒体费用是 1 000 万元，腾讯数据仅仅一次使用权的单独费用是 60 万元到 80 万元，变现能力较强，但数据的边际成本非常低，几乎为零。从中国程序化购买的整体费用来看，中国数据市场有着巨大的商业机会。但对于 BAT 来说，更为关键的是大众接受度，比如大众对隐私保护的态度，避免引起负向社会舆论。另一方面在于国家政策倾向。来自宏盟的 21 号受访者：

> 他有这个变现动力，但是这个不是他最命脉的东西，所以如果涉及隐私、涉及股价，他一定立刻收回去了。你看国外，脸书、Google 在数据识别链怎么做，国内的 BAT 在这个部分还是很谨慎的。现在在风口浪尖，谁拿这个冒犯了网民，网民们最容易被煽动，所以 BAT 就不会在这个时候拿数据开玩笑，挣这么点广告费。所以我觉得最近中国市场数据 DMP 这个部分要平淡一段时间，没有什么很好的解决方案。

6.1.1.2 第三方数据公司：质量较低的数据

在 BAT 数据不对外开放的情况下，广告公司另一个数据来源是第三方数据公司销售的数据。这些数据是数据公司利用爬虫技术在网站、APP 或其他地方获取的。这些数据存在两个问题。一是数据过于宽泛缺乏意义。来自宏盟的 23 号受访者：

> 数据公司会打上标签，然后投放时用标签来做。但是这种实际上还是挺受广告主质疑的，尤其今天市场上最主导的两家，我们觉得广告主还不是特别信任。有两个原因，第一个是这个 TA 太宽泛了，尤其是像大快消，卖饼干的，我们都知道是大快消的，这个要什么 TA 呢？人人都吃饼干，但是还是要追求这个 TA 的目标，因为他要追求的是谁买饼干，给妈妈的，还是给谁的。那这个时候，像这么大标签你去找 Ad Master，它的样本推算出来的大数据，其实这个 TA 还是很模糊的，或者只是一个 common sense 的东西，错也不会错得离谱，反正投出来是对的，总会有市

场的。

二是第三方数据公司为了促进数据销量,在数据上造假或虚假打标签,但数据费用又特别高,增加了广告公司的成本,降低了广告投放的效率。来自宏盟的23号受访者:

> 因为广告业对数据需求量特别大,而且广告业大数据应用的变现速度最快。所以你说我有数据要卖,广告业说好我会来买。但已经买不到什么好数据了,现在为了吸引你投放广告,流量的所有方会提供给你促进你去竞价的一些标签,因为我给你越多的信息,你判断之后会越容易在我这里买流量,所以说在卖广告、在监听流量的时候,他就会把很多信息发给你。第三方买数据其实目前来说效率不算特别高,而且买数据的成本单单通过广告交易是收不回来的。

三是市场缺乏完整的数据标签交换体系。目前国内在数据获得方面,渠道是不完整的,第三方数据只有数据跟踪公司研发。国外有一个比较完善的数据标签交换体系或者是有这种服务的商业模式。来自宏盟的23号受访者:

> 在国外,今天我想用一个数据为广告主采买到一个相对高质量的数据标签,那第三方他们有很好的隐私保护和第三方交换的这种协议,我可以买到我想要的这个TA。

6.1.1.3 数据打通的作用:更为深入地洞察消费者与消费者对话

随着短视频、直播、电商、共享经济、微信等媒介的兴起,用户的数据场景爆发式增长,数据量越来越大,但碎片化的场景使用户分散。信息逐渐聚集,会对消费者的了解更全面,更加容易打标签,维度更加广泛。所以更加精准的数据能够更深入地洞察消费者,与消费者对话,提升广告效率。来自顺为互动的2号受访者:

> 我觉得数据在未来还是会趋于融合。之前数据太过于割裂了,三大数据来源(搜索、消费、社交),分别在三大巨头手里。但你再看现在那么多垂直行业,分别被三大巨头收购,现在微博是和阿里在一起,所以说他的社交数据和他的购买数据,是可以被打通的。以前的数据更加闭塞,这样是更加开源——从这个角度来说,也是可以提高效率的。开源是接口,一对接,数据就能导过来。其实我相信未来数据可以被打通,也可以开放

出来，但是涉及一些核心数据，看他开放给到你多少或者说他愿意开放给你多少。

6.1.1.4 数据规范使用：方便与隐私的取舍

从数据的两面性来看，消费者的数据安全和广告方数据方便使用之间是矛盾体：过分追求数据使用的便利性，安全度会降低；反之，如果采取欧盟的严格方式，数字、通讯和互联网产业会受到影响而低沉下来。因此，首先必须在两者间取舍与衡量，以此为基础建立行业标准。来自利欧的8号受访者：

所以我们看到无论欧盟现在有GDPR也好或者是没有GDPR也好，实际上在过去10年当中欧盟已经被边缘化了，尤其在数字领域和信息领域。

其实现在我们也一直在积极地和我们行业有关的国家部门合作或配合。我们公司在广告行业内对于用户数据安全和用户数据使用方面，行业标准和国家标准的制定决策起主导作用。

其次，广告主要求数据的规范性。由于需要考虑消费者的感受、投诉和广告效果，广告主要求数据的规范使用。不规范、不合规的数据不仅使消费者反感，也会对广告主的声誉产生影响。但目前来看，数据的规范性仍然不够。来自利欧的8号受访者：

不规范就没用，广告主一定要规范的数据。你可以找到广告公司说我是代表中国电信大数据，说白了就是那些工程师在服务器上爬或者在电信上某个生产商那儿导点数据。今天大数据通过营销进行变现，但你用这个数据的话，反正总归是个疙瘩，你有可能会上"3·15"，或者这个东西的确在全球不符合data privacy的条款等，都是一些含手机号含什么的这种数据，广告主也不太愿意用，所以说合规性是个问题。但是这种产业国内还是有的，就像在淘宝买东西之后，你可能接下去，或者你咨询某个买房的之后，你会在未来的几年里不停有人来问你，这些数据永远被"卖"掉了，有大量的数据"买卖"这种事情。

总体来看，在高质量的BAT数据孤岛及第三方数据没有质量保证的情境下，数据壁垒是广告产业智能化的核心壁垒，也是当下广告产业无法克服的壁垒。

6.1.2 技术壁垒：广告产业智能化的底部门槛

在产业形成期，技术上的突破一般会形成新产品，但只有少数企业能够掌握技术，这些企业利用专利等形式来阻挡新技术的扩散。因而，新进入者只有购买(需要资金)或自我研发(需要时间)才能生产同类产品。技术的扩散速度、模仿的难易程度、系统的复杂程度是技术壁垒的主要来源。在20世纪90年代中后期，随着互联网技术在广告产业中的应用，技术在广告产业中发挥着越来越重要的作用。在广告产业的智能化中更是如此，技术改变了广告投放的运行方式。从1999年到2009年，因为互联网技术没有较大提升，互联网广告业按照传统广告代理方式运作。在2009年至2011年之间，互联网行业解决了大规模并行计算的技术瓶颈，随之而来的是大幅度的价格下降，程序化购买行业开始兴起。之后的几年，随着人工智能技术在广告领域的突破，广告文案的智能化、广告设计的智能化、消费者深度分析的智能化得以发展。当下人工智能在广告产业运用较为成熟的领域是深度学习。目前深度学习最大的瓶颈是数据的非实时化，导致在程序化购买中无法达到程序化购买行业300毫秒解决所有问题的要求。从技术的角度看，最大的挑战在于高并发和效率，将来这个方面的突破会对这个行业产生本质性的影响，广告产业的智能化会爆发。来自利欧的8号受访者：

如果到爆发点的技术出现的话，两三年的时间，这个行业就可以突然的有爆发式的增长。从2008年到2011年，就是大规模并行计算爆发性增长之后，两年之内，互联网广告业就开始程序化购买。从2011年开始出现，2013年就突然之间遍地都是，当时中国有大概150家做程序化购买的广告技术公司涌现出来。然后衰退得也特别快，2016年开始就衰退，2017年只剩下一半不到的程序化购买公司。

首先，广告产业的智能化是产业间溢出的过程，人工智能技术在广告产业中的应用也是技术溢出的过程。底部技术来源于大型互联网公司，广告公司在这个基础上向广告产业细化研发，这主要是由于底部技术门槛较高导致广告公司无法开发。来自利欧集团的8号受访者：

这件事情的条件是我得有更加强大的GPU，为什么只有阿里和360这种对算力掌控好的公司可以这么去做。像利欧的话,现在的算力完全满足不了,我就先不做这件事情。

其次,广告公司的核心算法团队在底部技术的基础上继续研发。在底部技术的基础上向广告产业应用方面研发是广告公司技术团队的核心工作。大型智能化的广告公司一般有 30 人左右的算法团队,例如电通、利欧等。中小型的没有技术研发能力的公司,一般通过整合的方式来实现研发。来自电通的 14 号受访者:

那我肯定他是几百个人做完这个了。我举个例子,他识别出来你这个是衣服了,那对于他来说,识别出来这个是 YYK 的,到底是这个款式还是那个款式,对他来说没意义,他不用做得这么细。对于我来说有意义,我就在他的基础上,再做细一点,再把后面做下去。这是一个借力的过程,就是说,别人做好的,我可以用的我就用,别人没有的,但是对于我有用的,我就再投人力下去再往前做。他们本身就是几百个人做出来的东西,我没必要再花几百个人再去做一遍。

来自顺为互动的 1 号受访者:

举例来说,我要造一栋房子,我不需要开一个砖厂,我去买砖不就好了吗?可以整合,不一定都是自己写代码。像我们这样规模的公司,负责程序的部门其实本身是程序项目的管理者。

广告公司的技术开发效率及技术成熟度会对新的市场进入者形成门槛,使得新的市场进入者在技术上处于劣势。因此,人工智能技术在广告产业的应用形成的广告产业智能化加剧了广告产业的技术门槛,技术是广告产业智能化的底部门槛,也是最基本的门槛。

6.1.3 资本壁垒:广告产业智能化的初始门槛

资本是指具有经济价值的物质财富或生产的社会关系财富。在西方经济学理论中,资本是投入的一部分,包括劳务、土地、货币资本。从企业会计学理论来看,资本是指所有者投入生产经营,能产生效益的资金。新企业进入特定的产业,需要最低必须投入的资本,即必要资本量。所属的产业不同,技术、生产、销售的特点不同,必要资本量差异较大。一般而言,必要资本量越大、筹资越难、沉没成本越大、企业进入的难度也就越大，壁垒越高。

在传统广告时期，广告公司属于轻资产公司，最主要的资本是人力资本，对新进入者而言，资本壁垒较小。随着技术在广告产业中作用的凸显，尤其是人工智能技术的应用，对必要的资本量的要求越来越高。最为直接的是技术研发及技术团队聘用需要的大量资本。资本不足也是很多广告公司后续动力不足而倒闭的重要因素。来自利欧的8号受访者：

> 因为大规模并行计算，从2008年到2011年，爆发性增长之后，两年之内互联网广告业就开始了程序化购买——就是从2011年开始出现，2013年突然之间遍地都是，中国大概有150家做程序化购买的广告技术公司出现；然后衰退得也特别快，2016年开始衰退，2017年就只剩下一半不到的程序化购买公司。那一半为什么会倒闭呢？因为没钱了呀，钱"烧"完了，然后C轮融不到就"死"了，就B轮"死"了。这个行业就是B轮"死"。

首先，资本不足是制约研发投入的重要因素。例如在广告效果智能优化方面，技术研发方向是通过自然语言理解对消费者广告效果的个性化应对。但顺为互动的田野调查中发现，公司及研发团队并没有思考这一问题，他们认为投入大量研发资金来研究广告效果的优化在技术上能够实现，但目前无法商业化，并且在资金不足的情况下这种行为甚至会导致公司破产。来自顺为互动的8号受访者：

> 这个逻辑上存在，但从实际的生意上不一定划算，尤其对我们这种资金不是特别充足的中型广告公司，要做语义分析的话，无论是对于这套广告产品的研发还是对服务器的带宽，将带来非常恐怖的压力。因为你打的每一个词都要做各种各样的分析，在这种情况下，有可能把广告效益比如说提升6.5%，不可能提升20倍吧？你肯定会做财务预算，不一定划算。

其次，资本不足导致广告公司过于追求近期回报，无法进行基础性的技术研发投入。技术投入尤其是基础性技术投入的回报周期较长。广告公司资本不足，导致过于追求近期回报，基础技术的突破比较困难。这也是人工智能技术在广告中应用最先产生于大型互联网公司的重要原因。例如在智能化广告设计方面，360达芬奇画布与天猫鲁班智能系统的研发及投入使用，在文案上，脸书的智能回复系统。来自电通的14号受访者：

> 我觉得大家都是想往这边去做，但是现在迫于利润上的一些压力，因为

不是科技公司,可能大家走的步伐还是比较慢的,就是还不敢在这边投非常大的人力。那像我们公司这块,已经算是蛮前沿了。但是比起一些科技型公司,那肯定还是慢于他们的。

最后,资本不足导致广告公司被兼并。利欧集团是一个以泵产品制造业为主的公司,2014年以后成功收购了聚胜万合、琥珀传播、氩氪集团、万圣伟业、微创时代、碧橙网络、秀视智能、智趣广告和世纪鲲鹏等多家广告公司,成为一个以数字营销为主的综合类营销服务集团。截至2017年6月,利欧股份77.4%的营业收入来源于互联网,制造业仅占22.6%。在程序化购买的广告公司中,除了品友是独立的公司,其他都被收购,例如优易互通、多盟与亿动广告传媒(Madhouse)被蓝色光标兼并或投资。

6.1.4 规模经济壁垒:广告产业智能化的边际门槛

当一个产业具有规模经济效应时,新的进入者以较小的规模进入则会处于成本的劣势,以与在位者同等规模或中等规模进入,则需要大量的投资并有可能引起产品滞销、市场价格大幅度下降,蒙受损失。在这种情况下,规模经济成为阻止新进入者的门槛。对智能化广告产业新进入者来说,如果不能取得一定的市场份额,则不能充分享受规模经济性,则其生产成本必然较高,与在位广告公司的竞争中,会处于不利地位。因此,在广告产业智能化中,尽管算法形成之后所有广告公司都能用,工程化和产品化也能模仿,但商业规模会形成壁垒。人工智能在广告产业形成规模化以后,产业内在位企业更具有市场优势:首先,在位企业可以减少大量劳动力,减少人力成本支出;其次,成本均摊降低单笔交易费用;最后,人工智能技术在广告产业中的应用边际成本非常低,"对我们来说就是一点电费"。因此,规模效应会成为新进入者的门槛。来自利欧的8号受访者:

智能广告文案系统一旦上线之后,我的商业规模化是其他家所不可比拟的。我会做这个产品,是因为我的广告主的应用场景,我的广告主每天要上4万到6万套素材,那这个场景是在的。另外我的广告交易,一天的交易大概是在700万元到1000万元,在这个商业规模下,我的产品一旦投入使用,我的使用效率会大幅度提升,成本大幅度下降,这是竞争者所没有的。比如某公司（匿名）没有我的这个规模，然后它的客户没有这个使用场景，它主要做的是汽车类场景，一年的产品广告最多100条。我做的是电商客户，一天的产品SKU是2500万个，所以我要做的是面对2亿个设备去做这2500万个SKU之间的匹配，所以我需要广告文案不停地更换和变化。

如果一家广告公司一天要出1万张海报，那它肯定更加愿意去跟天猫的鲁班或者360的达芬奇画布去拼。在那个市场上，因为天猫有1000万家店家，360大概有2万家店，这些小店主肯定要自己做banner、做海报，所以出这个产品，应用场景是天然已经有的。这个时候，我们如果贸然地进入到图形的人工智能化市场，我可能会被天猫或者360打得一鼻子灰，因为没有这个规模。

即便新进入的企业与在位企业的规模相当，在位企业也可以通过降低价格等方式形成进入壁垒，"那我们俩之间就对拼"。

6.1.5 差异化壁垒：广告产业智能化的策略性门槛

如果数据壁垒、资金壁垒、技术壁垒与规模经济壁垒属于结构性壁垒，差异化壁垒就属于广告产业智能化的策略性壁垒。差异化壁垒源自差异化战略。差异化战略也称特色优势战略，是指企业力求在顾客广泛重视的一些方面，在该行业内独树一帜，选择许多用户重视的一种或多种特质，并赋予其独特的地位以满足顾客的要求。它既可以是先发制人的战略，也可以是后发制人的战略。差异化包括产品差异化、服务差异化、人事差异化与形象差异化。目前广告产业智能化差异化壁垒主要体现在产品差异化方面。差异化成为广告公司进入智能化的重要策略，通过差异化壁垒，阻止新的进入者进入相应的领域以形成门槛。来自利欧集团的8号受访者：

阿里的鲁班与360的达芬奇画布主要是从图形设计方面去切入。目前从文案角度看，自动化和机器自主地写文案、拼装文案方面的成熟产品应该还没有。因为这是两个不同的方向，鲁班和达芬奇画布主要是依赖对图形、图像的识别和处理，文本方面就是从自然语言处理角度去切入。

总体而言,广告产业智能化的进入壁垒除了经典理论上的绝对成本、规模经济、必要初始资本量与差异化之外,随着技术作用的凸显及人工智能的特性,广告产业智能化的进入壁垒还包括数据壁垒与技术壁垒,这是具有技术特色与产业特色的门槛。

6.2 产业内进入壁垒:传统广告产业向智能化转型面临的门槛

产业内进入壁垒是与产业进入壁垒相对应的概念,是指产业内具有不同市场竞争优势或势力的企业或企业类别,从一种状态或优势向另一种状态或优势发生转移时所需要付出的代价、遭受的损失或遇到的障碍、限制或制约等。① 产业内进入壁垒的概念主要是用来解释产业内不同类型的企业之间盈利绩效差异的原因。产业内壁垒主要包括产业内移动壁垒和退出壁垒。产业内移动壁垒指的是产业内不同类型的企业,从低市场竞争优势向高市场竞争优势转移时遭遇的阻碍因素或付出的代价。产业退出壁垒指的是产业内的企业结束业务或转向进入其他产业时遭受的损失或面临的制约。产业内进入壁垒与产业壁垒存在不同之处:首先,产业内进入壁垒是以产业内不同类型的企业为对象的研究,产业进入壁垒是以新企业进入现有产业为研究对象;其次,产业内进入壁垒更偏向于动态的内生性壁垒,而产业进入壁垒偏向静态的结构性壁垒;最后,产业发展和产业升级导致产业内竞争优势不断转移,这是产业内进入壁垒形成的重要因素,产业进入壁垒的成因是产业内现存企业的市场优势或市场势力。

广告产业内进入壁垒指的是传统广告产业向智能广告产业转移时所遭遇的障碍。传统广告产业向智能广告产业转移时遭遇障碍的决定因素在于传统广告产业与智能广告产业业务内容的差异。传统广告业遵循"创意当家、媒介为王"的盈利方式,智能广告产业虽然在业务内容、组织架构等方面是对传统广告公司的传承和发展,但两者具有极大的区别。

---

① 王建优.从产业进入壁垒到产业内壁垒[J].中国经济问题,2002(11):53-59.

6.2.1 创意壁垒：从展示类创意到互动创意形成的门槛

6.2.1.1 展示类创意：传统广告公司的创意

从策略、创意、内容制作、投放到监测的整个过程来看，传统公司的能力主要在传统端，不具备数字洞察能力和数字创意能力。基于电视的广告创意主要是集中于脚本、情境、音乐等方面，体现为展示类的创意能力。由于用户的行为方式、看广告的场景、打开的习惯、注意力都发生了较大的改变，电视端的广告创意与数字端存在巨大区别。例如，数字端的创意必须在5—8秒有亮点，否则15秒内用户会跳出，所以创意要求更紧凑，更适合碎片化的时间；电视端的创意可以更松散；传统的报纸户外广告创意主要是展示型平面设计。数字端的创意与传统的平面设计存在巨大的差别，数字端创意是基于声音、动画，可以交互、能够被点击追踪、实时替换素材、被社交分享，甚至可以直接点击购买；传统的基于声音的创意如广播，更多的是文案和声音的创意，也局限于展示方面。总体来看，传统广告的创意无论是视频、平面还是音频都属于展示型，只能做到传达内容。来自生米组成的7号受访者：

传统广告公司的创意跟现在的创意，这个差别太明显了。如果它以电视媒介作为主要收入来源的话，它不存在创意。如果你是帮客户拍广告片，那么这个是创意。数字创意除了拍片子以外，我们通常都是交互创意。传统不需要这样的，这块市场，是电视（广告公司）戳也戳不动的。

6.2.1.2 互动创意：广告产业智能化的创意

首先，传统端的创意集中于展示类创意，数字端创意偏向注意力创意和社会创意。注意力创意是最大限度地利用用户或消费者的注意力，以期获得最好广告效果的创意模式。例如，生米组成的承诺胶带案例，利用消费者划开包裹胶带的注意力进行的创意，做法是在胶带上印上珍稀动物的图片，划开胶带时流出少量鲜红色液体，号召大家保护动物。社会创意指的是根据公众社会偏好，关心的社会事件、社会问题进行的创意。例如，生米组成关爱女童的创意，通过声画同步来进行创意。来自生米组成的7号受访者：

社会创意就是希望这个社会变得更加美好，希望企业在做捐赠的时候，同样可以带动企业的销售。

其次,传统创意主要是基于构思,数字端的创意需要更多互联网知识。很多技术正在颠覆创意的表现及其运用场景。因此,数字端的创意不仅仅是基于互联网技术,还需要材料学、半导体、物联网、分析化学等知识。比如承诺胶带案例和材料学、分子化学相关。来自生米组成的5号受访者:

> 前段时间我和他(7号受访者)还有一位创意总监,一起去泰国看材料展。这里面包括布料、木、竹以及一些和化学成分相关的材料。要知道不同的材料,可以运用到创意上的表现,最终得到的东西是不一样的。

第三,传统广告公司的创意偏向于传播类,主要是广告创意,不改变产品。数字端的创意与产品密切相关,通过一些工具和技术手段帮助客户更好地管理CRM,更好地管理数字资产、更有效地精准传播到受众。更为重要的是数字端创意会介入产品本身,需要解决的问题包括产品生命周期、产品创意等。例如电通公司在日本的案例,通过人工智能生成可乐包装,包装上有特定的图案和问题,答案在瓶盖里面。来自生米组成的5号受访者:

> 从售前到售中再到售后,中和后的部分有的客户有需求,我们有能力supporting上去,不代表我们在这个领域已经登峰造极,但是我们肯定要有能力顶上去,而不仅仅是传播。

第四,数字端创意的盈利方式更多样化。传统端创意的盈利方式主要是依靠服务费,甚至在市场竞争激烈的背景下,发生零代理现象,即创意免费,广告公司只赚取媒介投放的费用。数字端的盈利方式更加多元,包括介质费、服务费、专利费等。来自生米组成的5号受访者:

> 媒介介质本身就是盈利手段,这个盈利模式会有很多种,我可以让他赚钱也可以让他不赚钱,看我用于什么目的。关爱女童的这个海报,真要某奶企(作者隐)买,它能买多少海报啊?如果和它谈,我们会这样,它捐出来的钱,生产更多的海报,这些海报捐给女童保护基金会。如果要从它那赚钱的话,不是这么一个卖海报法,我会和它的产品直接绑定。它所有产品上货架,全国超市都有,××星一买就是一箱,海报做一个封面放在上面,每一张都赚钱。

第五,数字端的创意要考虑创意实现的可能性。传统端的创意主要是展示类,不考虑创意的实现性问题,因此基础的工作方法存在很大的差异。

数字端创意不仅提供创意和视觉的呈现,还要考虑创意实现的可能性。创意部门与产品经理、技术部门或者媒体进行沟通,考虑执行能力、执行条件、载体等以论证创意的可行性。来自生米组成的5号受访者:

比如我们认为这个创意可以让用户进入一个游戏,假设是王者荣耀,你在王者荣耀道具商店买一瓶可乐,这个游戏中间,你可以"加血",假设这是我们的创意,然后我们跟腾讯互娱一聊,腾讯互娱说"就你这点投放量,你动动脑啊,不可能的"。那这事就没有可行性。

从创意上看,传统广告公司的创意向数字类创意转移具有较大的障碍,这种障碍来自思维方式、习惯、视野等方面。因此,创意是传统广告公司向数字类广告公司转移的广告产业内进入壁垒。

6.2.2 媒介投放壁垒:程序化购买的"黑匣子"

除了创意外,广告投放也是传统广告产业向智能广告产业转移的壁垒。首先,从投放方式上看,传统广告的投放方式与程序化购买截然不同,传统媒介是由媒介人员制订媒介计划并执行,量和价都是既定的,计划也是长期的。在程序化购买中,RTB把价和量都变成了变量,价格是在实时竞价当中根据算法和数据来出,靠的是DSP算法测算。因为是实时竞价,量取决于出价及各种原因,供给方提供的量之前无法知晓,就是动态去投广告。之后,RTB市场逐渐被PDB(Problematic Direct Buy)市场取代。PDB广告投放方式量和价都是固定的,还能做到需要的流量留下,不要的流量实时退回,平台实时销售给其他广告主。近几年,发展出介于RTB与PDB之间的方式——PD(Preferred Deal)。PD保价不保量,由于无法知晓PDB退回的流量或者富余的头部流量的数量,所以供PD挑选的数量不能确定,因此无法保量。无论是RTB、PDB还是PD,广告位数量庞大,人工无法完成。另一方面,广告公司与媒介之间的关系也发生了巨大的转变,能够控制消费者接触点的媒介变得更加强势,广告公司必须适应这个转变。来自宏盟的22号受访者:

传统代理公司肯定是没赶上这一趟,所以他不能理解程序化购买当中是怎么赚钱的。以前你投中国30多个省区的广告其实也不算太复杂,20

个人对口中国100多家电视台，人工对也OK，一个人对五六家电视台，然后谈判、价格、做计划、做SWOT plan，Excel表还能看吧，几十行。今天你投媒体那不一样了，那个资源位都是几十万、上百万的级别，你看的资源不可能只那么几条，现在直接根据事实标签来算，所以这就变成有些活已经是人达不到的。我觉得程序化的意义在今天就是我们叫media efficiency（执行上的最小化人工）。

再则，从效率上看，传统公司的投放效率远远低于程序化购买的效率。如果传统代理公司一年70亿到80亿元的销售额，需要6 000个员工，数字营销公司一年55亿元的销售额，只需要1 000个左右员工，其中程序化购买提升效率是关键。由于程序化购买替代了人工，数字营销公司人员增加与营业额增加不等比例，营业额成倍增加，人员增加相对缓慢。传统广告代理公司，每增加一个广告主、一个订单、一笔投放，相应的就得增加两到三个人，至少在媒介投放方面需要增加人。来自宏盟的22号受访者：

程序化购买是提升售卖效率的，因为它真的是用自动化方式来售卖，以前招几千个销售在全国跑，现在是不可能的，实际上也很难。媒体方对程序化购买还是有强烈需求的，只有用程序化，它才能有更快的变现。当然到今天为止，程序化不能说占很大比例，但这个比例在美国至少已经占85％了，在中国我觉得迟早会破50％吧。

举一个以前的例子：可口可乐投中国30多个省区的广告曝光，它需要一个媒介购买团队来推广，规模大概在20人，每个人可能负责一两个省。但是今天做程序化，可口可乐可能只需要一个人，他只要把设备定好，然后每个城市的策略分发好，跟媒体对接这些东西搞定，剩下的他只需要像操盘、看股票一样，全部分发下去，一个人就可以看了，甚至一个人可以看两三个客户。

最后，从结果上来看，传统广告是展示型的，投放效果无法测量。程序化购买的广告效果可以用展示量、点击率、下载量、转化率等指标测量。来自顺为互动的4号受访者：

增长来自几方面，切传统广告份额肯定是的，视频切电视的，户外切报纸的。到今天为止，这句话还是有效的，传统广告相较于数字广告的最大缺陷在于投传统广告真的是钱投在哪儿都不知道。数字端有来源，从哪儿来的,去了哪里,最终是否有购买,这是可以被追溯的。唯一的,假设要关门开一个行业批判会议来说,第一个要说的是流量真实性,但是,在线人数多少,真实的转化率如何,点击率如何,这还是要去看的。

总体而言,传统广告产业向智能化转型的过程中,面临着创意与媒介的双重产业内进入壁垒,而这两方面一直以来被认为是传统广告公司的核心能力。技术更新对传统广告公司核心能力的消解是造成产业内进入壁垒的关键。大型广告公司,例如日本电通、蓝色光标、广东省广等通过兼并新型广告公司的形式完成了产业内的移动。中小型没有兼并能力的传统广告公司面临着市场份额的缩小甚至淘汰的局面。

6.3　人工智能技术下广告产业的集中度

集中的概念用来衡量产业内若干家最大企业的市场支配力,一般用若干家最大企业销售额、生产额等指标在产业总量中所占的比重进行测量。反映整个国民经济或大的产业部门的集中称为"一般集中",反映特定产业的集中称为"市场集中"。市场集中度是一个产业中买方、卖方的企业数量及其所占的市场份额,反映的是市场竞争与垄断程度。基于买方的市场集中度为买方集中,基于卖方的市场集中度为卖方集中。卖方集中也被称为产业集中。因此,广告产业的集中度是卖方集中,指的是若干家大型广告公司在广告市场总额中所占的份额。

6.3.1　趋于集中的力量

6.3.1.1　竞争淘汰

人工智能技术在广告产业中的应用必然会引起新一轮的竞争。具有资金、技术、数据与规模经济优势的广告公司通过对人工智能技术的成功应用,将发展成一个综合体,必然会在市场上获得生存优势。不具备人工智能技术的广告公司市场占有量将越来越小,形成马太效应。来自电通的 15 号受访者:

不可避免的是，用机器做的这部分公司，肯定会"吃"掉一部分你原来的那个东西。

6.3.1.2 业务需求

人工智能技术在广告产业应用较为成熟和成功的领域是程序化购买，在此基础上形成了大量基于程序化购买技术的媒介型广告公司。媒介公司和创意公司业务范围、服务的客户不同，不存在竞争性，但随着人工智能技术在广告产业的全面应用，创意需要结合媒介策略才能更好地被消费者接受，广告主开始要求将创意与投放进行整合。来自宏盟的21号受访者：

广告圈有个说法叫合久必分，分久必合。人工智能技术应用到广告后，媒体和创意其实很多年都是业务互相非常独立，所以媒体投放公司和创意公司，说得更难听一点，完全可以是老死不相往来的。但好的客户越来越要求协调，所以又变成分久必合了。创意需要跟媒介结合，比如你不要把一个高大上的创意落地在微博里，感觉调性不对。

6.3.1.3 广告形态的转变

当下，广告公司更注重与消费者连接。传统广告是通过媒体的广告位连接消费者，人工智能技术在广告产业应用以后主要是"买人"，是广告主与消费者之间的连接。这个过程，首先需要用策略把消费者框定，然后智能化投放，最后再实时优化。这个过程需要广告公司完成连续性的各种业务，因此会导致集中。来自宏盟的21号受访者：

把这个行业里这么多分散的资源接到这个池子里，今天我干的事情都在连接，连接各种"水管"。

6.3.1.4 并购

广告产业的智能化使广告产业变成了资金密集与技术密集的产业，因此广告产业出现了大量的并购行为。日本电通广告公司合并了程序化购买公司安吉斯，BBDO合并了宏盟，利欧兼并了琥珀传播、万圣伟业等7家广告公司。蓝色光标投资了优易互通、多盟、亿动广告传媒（Madhouse）等公司。独立的公司例如品友越来越少。来自利欧的8号受访者：

依附于大财团的公司才玩得起这个生意。独立的第三方未上市的程序化购买公司只能集中在中部市场或者是底部市场，因为它没有资金在后面"背书"，就只能凭技术手段，在头部市场已经"吃剩"的那点"剩菜"里再去挑一点,觉得好的再去挑出来。

6.3.2 分散的因素:新进入者

6.3.2.1 咨询公司进入广告产业

咨询公司的主要业务内容包括管理咨询(如市场调查、价格预测、企业诊断、盈亏分析、销售策略、商业咨询,财务咨询,工程咨询,技术咨询等)。随着人工智能在广告产业中的应用,工具化与自动化程度加深,咨询公司在为企业提供咨询服务时业务向下游拓展,承接广告业务,向广告领域发展。来自宏盟的22号受访者:

比如咨询公司讲整个中国 digital 战略、EC 战略,PPT 讲完了,这个客户后面肯定还有生意,咨询公司就说我发展个广告部、市场部,我也做执行,做 planning。很多人认为我们的第一竞争者是来自外部的咨询公司,他们要 downstream,发展他业务的执行部分,他认为招一些广告的人就能干这个事儿了,因为广告公司的门槛低。

6.3.2.2 技术公司进入广告产业

技术公司指的是在广告业务过程中提供技术支持的公司。来自宏盟的22号受访者:

IT 公司 Oracle、Adobe、微软都在这边布局,都进入到这个行业,这种竞争者其实是挺多的,他们分这一杯羹的话,那你(广告公司)中间人这个角色和各种利润都分出去了。

如 5.2.3.5 所述,这些技术公司一般可以分为三个类型,即监测公司、广告工具公司、流量聚集的技术平台即 SSP 公司或 APP 联盛和买方的 DSP 公司。在广告产业智能化的背景下,集中的力量与分散的力量并存:集中的力量主要来自广告产业内部的加速集中,甚至出现广东省广、利欧、蓝色光标、华扬联众等;分散的力量来自产业外部的力量进入广告产业,例如咨询公司、技术公司等,力图以其自身优势切割广告市场份额。

7 小　结

通过访谈发现：可以预见的几年，人工智能技术在广告领域的应用能够实现广告设计与广告文案的智能化生成，消费者分析的非结构化、线上线下分析的结合化，广告投放中程序化购买的比重大幅提升、终端个性化广告逐渐凸显，数据流量作弊逐渐被遏制等方面的进步。

面对更为久远的将来，不少受访者认为随着技术的进步、数据颗粒度的提升，人工智能技术会导致去广告化或去营销化，广告信息的冗余对消费者是负担，人工智能会把用户从复杂的东西中解脱出来，减少这种冗余。因此，随着人工智能技术应用的深入，广告行业会消亡或广告行业具体业务会发生根本性的变化。例如顺为互动的1号受访者认为：

将来，人工智能所起的作用并不一定是广告展示，它完全可以捕捉到我要的是什么。它不需要让我看创意，就可以直接判断我每周要买六双袜子。它也可以判断，和我有99%匹配度的人，通常要什么样的袜子……

我们假设对于数据的获取，如果我体内有植入性芯片，房间里有气味收集器，他也不用和我聊广告就可以告诉我，从你呼出的口气来判断，你已经连续四天消化不良，你可以购买这个药。

这些设想留待时间与实践的验证。

广告产业的智能化是技术——产业范式的变革。广告产业是一个创新生态系统，具有多样性、竞合共生与协同增值、网络关系、自我革新与开放式协同的特征。以创新生态系统理论为观照，广告产业智能化的分析框架由三大部分组成，即广告公司主导惯例（业务流程）智能化研究；人工智能技术驱动下广告产业的创新传导与关系网络研究；人工智能技术背景下的广告

产业涨落的研究。基于此,本书以产业组织核心惯例、创新传导、关系网络、产业环境(产业涨落)为主要内容,结论如下:

(1) 广告公司主导惯例的智能化体现为广告公司的业务流程的智能化重组,人工智能对广告公司的业务环节和业务过程有着根本性的彻底的重构。在业务环节方面,非结构化数据的处理与数据的实时获取的消费者分析;风格设计、基础商业平面设计的智能化与设计处理等基础设计的替代;结构化的短文案的生成;程序化、终端广告个性化、秒优化的广告投放。在业务过程方面表现为人工智能技术部门作为溢出的工具平台与技术人员前置。

(2) 广告产业的智能化程度取决于其对人工智能技术的吸收能力。人工智能技术的吸收与人力资本变化是此消彼长的对应关系。广告产业对人工智能技术的吸收,从技术吸收的阶段来看处于从探索性学习向转化性学习的阶段;从知识来源看属于技术推动型;吸收效率是广告公司在人工智能领域获得竞争优势的关键。随着人工智能技术在广告产业中的应用,广告产业人力资本结构发生变迁,表现为一般型与技能型人力资本的贬值;一般型与技能型人力资本需求量的大幅下降;创新型人力资本价值增强;异质性人力资本吸收与岗位创新。

(3) 随着人工智能技术在广告产业中的应用,传统的广告主、广告公司、广告媒介的线性产业链受到巨大挑战,形成错综复杂的关系网络。一是广告产业链上环节的增减,表现为基于广告公司价值重新确认的去或存"乙方化";广告产业边界向咨询与销售代理移动;广告产业链上不同类型的公司增多。二是广告产业智能化的产业链网络的多样性,表现为广告主主导的 inhouse 与对接多种异质公司的产业链,广告公司主导的产业链内部化与整合支持机构的产业链,广告媒介主导的自建 DSP 的产业链。

(4) 进入壁垒与市场集中度是考察人工智能技术背景下的广告产业涨落的核心因素。广告产业智能化的进入门槛主要包括:数据壁垒是广告产业智能化的核心门槛,技术壁垒是广告产业智能化的底部门槛,资本壁垒是广告产业智能化的初始门槛,规模经济壁垒是广告产业智能化的边际门槛,差异化壁垒是广告产业智能化的策略性门槛。广告产业内的进入壁垒表现为传统广告产业向智能化转型面临的门槛,主要是从展示类创意到互动创意的创意壁垒；程序化购买形成的媒介投放壁垒。从市场集中度上来看，广告产业市场集中趋于集中的力量远远大于分散的力量；趋于集中的力量包括竞争淘汰、业务需求、广告形态的转变与并购；趋于分散的因素是咨询公司与技术公司进入广告产业。

附　录：

部分访谈记录

顺为互动 & 生米组成访谈记录

访谈时间：2018 年 4 月 29 日
访谈对象：报导人 1　顺为互动总裁
　　　　　报导人 2　顺为互动执行总裁
　　　　　报导人 3　生米组成创意总监

访问员 1：我今天想做一个访谈，是关于人工智能在广告行业中应用的可能性、当下应用的情况以及如果以后成功应用的话，它对整个广告产业产生的影响。我现在还不确定当下的应用情况比如说程序化购买广告设计，再就是人工智能将来在广告中应用的可能性是怎样的？接下来如果它应用成功之后，它会不会使整个广告形成一种变化？比如产业链、整个广告产业生态布局方面。现在说它这个领域是比较宽泛的，基本上是这个领域的都可以聊。我做了一个大致的框架和逻辑在里面，把访谈过程分成了几块，有一些可能不太全面也是可以再增加的。

人工智能应用于广告设计和广告文案

访问员 1：我想先从设计聊起，因为我看到去年（2017 年）天猫用人工智能做设计，因为它的整个速度效率和各方面来讲，据说是非常快的，这种情况下会产生很大影响，比方说传统的设计形态会不会发生变化？靠人的这种会发生变化,那它对咱们现在现有的设计会产生什么样的影响?比如它的效率、效果、客户的满意度、消费者满意度,各个方面的情况。

报导人1:你谈到天猫的设计,这个设计在我们行业来看,有点像批发。所谓批发是什么概念?天猫里面的设计,它的图案需要体现的是产品信息、优惠信息,其中包含价格、优惠时段、哪家店铺,它包含的信息是非常标准化的,可以被批发批量产出的。这种如果今天拿AI来复制问题,我觉得完全没问题,甚至说以后我们很多投放"硬广",banner广告,它有很多"尺寸",不同的网站会有很多不同的尺寸,公司里会有同事专门做尺寸批发(resize)。尺寸批发是什么呢?这张原图我给到你,包含的元素有颜色的要求、字体的要求。像这样的东西,我觉得人工智能未来是可以改变的。这就是一个工作量的问题。那如果说是一个创意作品、品牌类的海报设计,比如说学院奖、大广赛的平面海报,这种海报是无法被批量设计的。因为里边INSIGHT是不一样的。所以我们先定义清楚设计到底是什么设计?百度关键词的前缀和后缀可以被批量吗?可以,因为它有逻辑可循。但是如果今天出一篇软文,这也是创意啊。你能够批量设计吗?我觉得也可以。只要是关键字可以找准的话,无非就是表述的方式方法。通过大量的文章聚集,这背后有大数据,有云计算,机器学习。展现出来的最终是人工智能把它批量生产。同样,你可能会有十个关键字、几个关键段落,把它最后组装成不同的文章出来。这个事可以吗?可以的。但如果是一篇采访,你很难批量。一张海报上边的一句文案,这是要靠大脑去想出来的东西,我觉得这无法批量。这如果被批量出来的话,就是没血没肉没感情。

访问员1:我们是否可以在批量的里边来选呢?

报导人1:如果是文案的话,我觉得可能还行。如果要产出大量的表达同一个意思的,你有十句文案都能表达同样意思。如果是设计的话,这个我不知道,人工智能到今天为止,学习到了什么样的程度。这背后有多少逻辑关系可循?

访问员1:他的逻辑关系是可循的。

报导人1:如果逻辑关系可循,那总要有人导入吧。那所有导入的信息,它贴标签贴得怎么样?是有很多基础工作要做的。数据都要打标签的。一个数据可能就两个词。你不知道它会打多少标签,几千个上万个都有可能。不同标签之间也有交替的,重复的。有很多数据萃取的工作要做,其实这个工作量不小,当然这个通过机器学习都没有问题,都可以做。但是从我们这个行业来说,如果说连创意的工作都能被机器替代的话,那其实这一行业就失去了所有的价值。

访问员1:我的意思不是完全替代,是不是有部分替代的可能性?

报导人1:从提升效率的角度是有的。我觉得最有可能被替代的就是我前边说的批量产出的东西可能被替代。你说的天猫是很好的例子,百度的也可以,就是和搜索相关的,都有可能被批量化。这都没有问题。但是就是为品牌制作的一波产品里边的所有元素都要批量生产。如果是系列海报,有可能被生产。那设计还有什么呢?CI、VI 的设计可能被批量生产。那真的是要用到 consuming in the sight 的东西。说要这张图有内涵的。至少我觉得到目前为止,我没看到哪家公司可以真的做到全部用人工智能。我不说替代,就说提高工作效率的,没有。

访问员1:现在的人工智能可以写诗写春联。它写的诗也是富含韵律的。那我们刚才讲它为什么不可以做文案呢?是因为它做不出有温度的文案。那就当下来讲,在广告行业,确实没有办法做出有温度的文案。随着人工智能更深入的发展。它是不是有可能做出有温度的文案?

报导人1:如果通过不断地自学习,古诗也是有规律可循的。唐诗宋词都有各自的特征。文案也是有规律可循的。但是我想说还是要分是什么文案。比如说百度的搜索。搜索关键词出来的内容,标红的前边和后边,都是一些串词,这都是文案,这是创意。如果说仅仅是设计,可能被人工智能所替代,我还偏趋同认可,那你说创意这个概念能够被人工智能所取代,我是不同意的。

访问员1:你认为创意是当下人工智能没有办法完成的?人工智能也是在发展的。将来发展成什么样我也不知道。那人工智能所产生的意义就在于它可以替代人脑的大量的重复的,智慧没有那么高的一些工作,包括中等智慧的一些工作,对吧?这是我们希望它可以完成的。

报导人1:对广告业来说,你说的两个关键字很重要:一个是"重复的",一个是"智慧没有那么高的",就是你不用太过于费人脑的。那这两个应该是可以率先被替代掉的。这又需要重新定义一下创意了。大家怎么理解创意？对很多非我们这个行业的人来说，他第一个理解创意不就是设计吗？其实创意和设计是两码事。设计仅仅是创意下边的一个小分支而已。从这一点上来说，我是认同说简单的、重复的设计的工作是可以被人工智能所取代的，逐步取代的。还有一个大家认为简单。人工智能设计出来之后，我们再进行选择。你要知道，选择是一个很痛苦的过程。那经过选择之后，客户反馈说，喜欢这张里边的这个字体，喜欢那张里边的那个颜色，喜欢这张里边的这个表现方式。你怎么办？是否再一次的靠人工智能来创造一次呢？还是你需要靠人工来修改？还有完稿怎么做？那这就是非常细枝末节的事情了。我不知道，到今天为止，我们都没有试验过人工智能可以完成这些。人工智能可以取代或者说帮助你提高效率的。当下除了BAT或者大的公司，特别是有很多重复设计的需求的公司，或者天猫，它可以被人工智能所取代。所有市面上的创意公司，无论是做后期的还是前端的，无论是纯设计的还是偏创意的，到今天为止，没有很好地使用过人工智能。

未来人工智能在广告领域应用的设想

访问员1：你所知道的人工智能和设计相关的，除了天猫还有其他可以应用的比较好的案例吗？

报导人1：人工智能在广告业的案例有很多。

访问员1：那设计方面有吗？

报导人1：我们不这么归类。可能它是在整个产品当中用到了人工智能这个技术。我现在未必说得出，但是案例库里一定会找得到这样的例子。举个例子，有一个我的同行公司，它做出来的是一个虚拟机器人的形态。不是坐在那里的机器人，是它会打电话给你，你以为接听对话的是一个真正的人。它可以跟着你的情绪反应不断地调整，可以把卖保险的效率提高到ROI现在的若干倍。

报导人2：你根本不知道对方其实不是人。

访问员1：换句话说，人工智能科技的维度，我们把它和广告业去牵连。

报导人1：我个人的感觉牵连并不是完全适用的。人工智能其实是意味着可以实现拟人、超人的实践能力，自我拓展能力——如果说人工智能发展到一定程度的话。它在各个角度去解决带动的社会的经济的现象，广告业就是沧海一粟。

访问员1：是的，这一点我认同。我看了很多文献，人工智能是非常大的一个产业，包含了人生活的各方面。我们现在研究的是它对广告的改造。

报导人2：对刚才报导人1说的，我再举一个例子。我们聊聊人工智能对广告业的改变，这个有阶段性的区别。现在的人工智能在现阶段，人工智能的程度在广告业不属于高的。同一条人工智能系统是可以在不同信息维度去解决问题的。但由于这个核心没有到整体行业上，在广告业中看到它效率不怎么样。

访问员1：我们讲它是一个产业溢出的过程。广告产业是一个末端产业。它不是最早溢出的，可能已经在制造行业。

报导人2：微软小冰应用在广告行业，我是看到过的，但是现在只是在和我们聊天。你可以问它，小冰现在天气怎么样？它会回答你。等到它可以像人一样的和每个人都回答问题。下一步它根本就不用服务于广告业了。对于人来说，用计算机去指挥一个手是没有难度的。这套内核用于计算机的话，机器士兵是肯定的，战争看不到人在开枪，这是一种必然。对这个科技来说，广告业是太小了。另外我转回来讨论人工智能作用于创意。我们仅仅把创意切割开来看，看它和人工智能的反应的话，不尽合理。为什么我会有这样的一个预判？如果说人工智能做出来的东西，广告主来辨别好和不好，是用他的脑子和感官来判断的，还是可以同样的用人工智能来鉴别，这是有区别的。当产业链连接起来的时候，无限扁平化是存在的。在这种情况下，再去质疑一个东西的好或者不好。人工智能能不能做到最极致，千人千面，这完全是在于数据的颗粒度。只要数据有足够强大的颗粒度，人工智能可以做到什么样的地步？假设对于数据的获取，我是一个人，如果我体内有植入性芯片，那房间里有气味收集器。它也不用和我聊广告就可以告诉我，从你呼出的口气来判断，你已经连续四天消化不良，你可以购买这个药，这是可以的。其实数据的获取不一定是一个浏览数据。所以数据颗粒度的获取传感度达到一定程度的话，人工智能是可以去营销化的。

访问员2：什么是去营销化？

报导人2：所有科技应用的目的是把用户从复杂的东西中解脱出来，进入到简单的东西当中。从这个角度让用户看大量的信息是不对的，手机的智能操作系统伴随着 VR 和 AI 起来大约还有 7 到 8 年的红利期。未来是有操作系统去应用化、无框化，在这种状态下，人工智能所起到的作用并不一定是广告展示。它完全可以捕捉到我要的是什么，它不需要让我看创意，它就可以直接判断，我每周要买六双袜子。它也可以和我判断，和我有 99% 匹配度的人，通常要什么样的袜子？如果对于产业有影响的话，我们把它分成 5 年愿景，20 年愿景和 100 年愿景。个人从科技角度来说，100 年以后，我们这个行业不一定存在。或者说存在，我们也干的不一定是现在的这个事。

人工智能应用于消费者洞察及数据相关问题

访问员 1：我想探讨的一个问题是微软小冰进行微博、微信的分析，它可以判断我是一个什么样的人，相对来说还是准确的。那我们是不是可以针对微软小冰这样的一个判断，对它来投广告。假如以我为样本，它对我来投广告，投了广告以后，我可能很满意，这个产品不错，我可能很想要，然后它给我一个链接，我直接下单。那现在这种情况下它能不能做到？

报导人 1：是这样，你说它很了解你，是基于什么维度的了解。我们在分析的时候，叫人物画像。人物画像里面其实都贴不同标签，这个画像，你是一个女人，你是多大年纪的，什么学历的，收入多少的，哪个地域来的，大致喜欢哪方面的，比如和美食相关的、旅游相关的，还有许多生物的标签，它越是标签打得细，你前面说的越是容易被实现。

访问员 1：比如说我是个文艺女青年，我多愁善感，我每天运动一千步，我爱我家，类似的。

报导人 1：其实现在便签可以打得很细很细。

访问员 1：假如我们现在就通过微软小冰来分析，它来分析我给我投广告。

报导人 1：微软小冰就是个展示形式，你忘记它，就是个东西。它背后的逻辑，其实今天对着你的是一个小冰也好，是一个手机也好，无所谓的。

访问员 1：对，就是个随便的东西。现在就说它现在对我的分析比你刚刚说的性别什么的更近一步，我是一个文艺女青年，或一个土豪或者高富帅，它会基于此向我投广告，假如说它对我投的广告我很满意，有个产品我很喜欢，它能不能之后回复我在这里购买，然后我就买了。

报导人1：当然可以啦，这个技术很简单，不难做到。人工智能严格来说，不归属于广告业。它更多的是在应用层面，它被广告化了。但是你说人工智能能否帮助到广告行业，其实也要看，人工智能分类很多。前面说的关于设计的，我觉得是能够帮到你。这种不用动脑的，除了尺寸，就像之前多说的。当初提出所谓千人千面的概念，是在富媒体联盟的时候（到后来富媒体联盟没了）。富媒体联盟和DSP最大的区别是，一个是针对媒体，一个是针对个人。富媒体联盟说明你有一个个的媒体圈，我是体育圈、我是美容圈……一个个这个小的网站，把这些剩余流量用富媒体联盟的方式展示出去，在那时候就有千人千面的概念，但是有点伪，并没有真正做到千人千面。这个东西在网站上边，很早很早就已经应用了千人千面的东西。我们公司刚创业的时候，在2012年，我们帮兰州银行做了一个网站。不同的人登录官网，看到的首页是不一样的。因为你关注的点是不同的，那么在那个时候数据来源是在哪儿呢？我主要是通过百度搜索，以及他在这个网站上浏览的习惯来判断。第一次登录的时候可能还没有，等你第二次再登录的时候，我就知道了。包括今天的今日头条，你去看，打开今日头条，你看到不喜欢的东西后，你可以关掉的。其实这个就是所谓的千人千面。回到DSP，当初富媒体联盟，那是因为说，我判断你这个人可能在这个网站上边，因为你们有相同的标签属性。比如我投放一个唇膏广告，我会选择女性类、时尚类的网站联盟。是因为我认为的，我可能会消费的潜在用户是在这些网站上的。DSP不是，它是我先找到你这个人，无论你出现在哪个网站，我都能看到，它是更加好的能够实现千人千面。还有，为什么说，从重复媒体联盟到DSP，今天都还在说，比传统广告来得更加省钱。一方面是因为以前我必须得投新浪的通栏、头条，因为覆盖人多嘛，它首先每天PV多少，一天的广告得到五六十万，但你真的能够抓到多少，即便你有那么高的PV量，那这些人都是你的目标受众吗？未必。可能现在，这些人在一个小网站上，你可能才投了1元钱，你就能直接打到目标受众，他就能够看到了。这里面还有些频控的技术在里面，这也是可以实现千人千面。如果说在实现千人千面的过程中，人工智能，特别做创意的人工智能，设计的尺寸批发、推荐引擎的技术。同样今天我要投天猫广告给你看，你看到的可能是双鞋子，可能因为你前两天刚刚浏览过。

访问员 1：刚才你说的人工智能实现千人千面，是通过消费者的浏览行为。这说的是我们前两年大数据想做的，我分析挖数据，了解打标签，打完标签，根据你的行为轨迹投给你。那人工智能基于对消费者的理解是不是有更深层次的推进？就比如我们现在对于消费者的理解啊，像刚才说的千人千面，不管我在哪儿，它都给我投放的是一支唇膏。那这种情况，大数据时代是不是没有完全的实现？人工智能是不是能进一步地改进效率，对大数据进行挖掘？

报导人 1：你人工智能的背后是什么？还是数据啊。

访问员 1：对，是数据。它是以数据为支撑的。但是人工智能和大数据在横向上，它是有差异的。

报导人 1：你认为的差异在哪里？

访问员 1：大数据是在海量的数据中，进行一定程度的挖掘。那人工智能应该说是有海量的数据，它用人工智能技术比如智能语言理解，对它进行一种深入的分析。以前的大数据我只能知道你在哪，你买过什么。那人工智能基于一种更深入的分析，它能够更立体的。

报导人 1：我不完全同意。首先在大家没有探讨过 AI 的时候，大数据做的可不仅仅是挖掘。挖掘好了就是萃取。在萃取的过程中就要分析。这个和人工智能没有关系，这是一个机器学习的过程。

报导人 2：那个时候的机器学习，是在人设置的规则下。而现在我们认为的机器学习是它自己会挖掘规则，制定规则。

访问员 1：那机器学习前期还是有人导入模型、导入算法的。还是要导入之后才可以学习。它是怎么学的？它是通过我给它导入的一种逻辑来学习的。它也不是自动学习的。

报导人 1：是的，它不是自动学习的。我认为它的学习是因为那么多年的一种积累，数据达到一定体量，也有一定的逻辑分析关系在里面了。只是现在再来谈人工智能，其实是在当初所谓的挖掘萃取技术上能够去人工化的一种行为。

访问员 1：对。

报导人 1：但你要说人工智能里面，包括你说百度的小 I 机器人。还在最强大脑上出来PK过一次的。你说它难道不是人工输入的吗？它在下围棋的时候，不是把全部的都输进去的吗？

访问员1：对。这个我看过很多文献。前段时间比较火的人工智能买彩票。它是怎么做到的？买彩票和下围棋一样，它用的是逻辑推理。它的区别在哪里呢？人的逻辑是能推理。最强大的人他看十步。人工智能不是，它从过去看到，而且它的规划是，它选择我们看到哪个，包括是买彩票也好，还是那个下围棋也好。它在某一步，在你看来是不对的。它在做的时候，它的布局是更长远的，这是第一个。第二个，是它在做的时候，水平是均衡的，比如说他的准确是99%的准确。他一直都是99%的准确，但人不是。

报导人2：我说一下，为什么我们可以看到AlphaGo可以击败一个人，但是至少在今天的水准，人工智能是取代不了人的。人工智能它虽然有很强的学习能力，规则的研发能力，但是这东西必须基于人。而这必须基于数据，背后都是人工智能的短板。因为人是可以看到线上线下的。而它的数据，线下没有那么大的传感器支撑。它看到的是窄域的，是个棋牌，没有问题。所以我们看人工智能它支撑买彩票的和下围棋的不是同一种技术。它那种技术其实更简单，是把它拉长啦。但我们的技术是需要更具体。一方面是技术立体，另外一方面非要达到高度拟人、乃至于超人的话，一个前提，我举个例子，地球上多10万亿个传感器，否则它不可能像人一样去判断你。

访问员1：您说的传感器是指？

报导人2：举个例子，今天这里在做上海国际广告节。根据历史上的沉淀，但凡在这里wifi嗅探，探测过的人，离开4小时以内，最容易买16本书。于是你的手机上弹出来，有78%的人会买。为什么？因为过去24届证明78%的概率，你离开4小时或者3小时50分的时候你最容易买。但前提是自己要用wifi嗅探技术，而且能够匹配到我的手机。嗅探只是一个非常初级的东西，现在也许只有北上广稍许有一点吧。一些商场可能有25%，但密度也不够。但是对于一个机器来判断人的话，没有线下的支持的话，刚才这个设想，它是做不出来的。但是人是都可以做出来的。

报导人1：它底层是相同的，但是在应用层面是不同的。

访问员1：那就是说，不管它是什么样的，它的底层也不管上边的一二三层是什么。就当下来讲，回到自然语言理解，有没有感觉到在2010年、

2014年和2017年,你对消费者这样一个跟踪追踪投放也好,有没有变得更加灵敏?

报导人2:肯定有变化。2010年时,当时刚开始出现安卓和iPhone的普及。那一年出来的是三大运营商的3G套餐送机器。2010年已经是分水岭了,在之前我们是PC状态,也就只有用户的浏览数据,以及有限的购买数据。而2010年到2014年不管是中国的网购业务,还是移动端的数据,包括移动端和PC端的跨屏数据也出现了,包括灵敏度的变化。而现在也证明,移动端的购买已经占到整个网络购买的78%。

访问员1:在了解一个消费者的情况下,2010年和2014年是一个技术的变化吗?那2014年到2017年是不是也发生变化?变化的点在哪里?

报导人2:2010年和2014年相比的话,如果用一个关键词来选择,我会说是场景。移动端的场景被捕捉出来了,而2014年和2017年相比的话,更直观的是缩短路径。2014年的时候,大家都有印象,微信2013年8月5号出的是微信的5.0版本的。2014年开始也是微信支付和支付宝开始对"掐"。这场对"掐"很好地普及了移动支付工具。移动支付工具对于用户看广告和看广告能买东西,这两个行为是不一样的。从2014年到2017年,用户的行为深度更深了。

访问员1:这就是我想问的问题,从2014年到2017年用户的行为深度变得更深了。那它的背后在广告行业来讲,是技术的变化,数据的变化还是什么的变化引起的?它为什么会更深了?

报导人2:个人觉得你这个问题是伪问题。数字营销行业是基于数字互联网行业发展出来的一个延伸。不是我们引导互联网,而是互联网走向哪里,我们服务到哪里。在这种情况下,我们再说为什么2014年到2017年变得更深了,主要是因为,BAT更普及了。以前可能50%的人用移动支付,等他们"掐"完,变成80%了。自然行为更深了,相对来说,更多人更愿意在手机上购买。

访问员1:那你的意思是样本的数据更大了。

报导人2:不是,我的意思是原来的这种行为——我们认为深度不够的行为,是因为它的应用场景和使用用户的普及率在这三年内产生了大规模变化。

报导人1：一方面是规模大了，另一方面可能是更垂直和更深了。

访问员1：那我想问，这个垂直和深从哪儿来？

报导人1：我先来说垂直啊，2014年到2017年明显的一个变化在于，之前没有短视频，之前没有很多的营销手段，比如微信。那么在这市面上，2014年到2017年涌出很多垂直行业的公司，比如短视频、直播、电商、共享经济。共享经济是非常重要的一部分。滴滴也是差不多这个时候出来的，到后期的共享单车。它随着用户使用场景变化而变化是非常之快。它的碎片化场景太多了，从这个角度上来说是这样，数据量本身是大的。但它也分散了，它分散后又聚焦了。

访问员1：它是聚集了，是说它对一个人的了解是更全面了。

报导人1：更加全面，打标签更加容易。纬度更加广泛。所以说数据是更加精准，能够帮助你提高，如果一定要说回投放的话，更是帮助你提高投放的效率。

报导人2：再比如说，今天我们5个人在开一个会议。请了500个人在里边，我跟老报导人1在门口发传单。以前是，500个人开一场会，有50个人现场签单。后来我们想到一个手段，我在现场放一个ATM，于是我们签单率从50单变成了80单，因为还有30个人是现场提现的。在我看来，支付工具干的就是这个事。原来是看页面两次跳转以后，用户大量流失，现在是可以直接移动支付。它是伴随着整个成交。在交易中间它是有购买者、购买的商品、交易的关系，中间涉及商品、信息、支付以及服务。这些信息在互联网中逐渐健全了以后，我们去对话消费者，可以对消费者进行更深入的洞察。

报导人1：我觉得还有一个是数据在未来还是会趋于融合。之前数据太过于割裂了，搜索、消费、社交三大数据来源分别在三大巨头手里，但你再看现在那么多垂直行业，分别被三大巨头收购，数据是不是打通很多？所以从这个角度来说，也是可以提高效率的。以前的数据是更加闭塞，现在是更加开源，这又是一种。开源意识是APT接口一对接，数据就能导过来。

报导人2：它不一定是免费开源，但它会开一部分给你。现在收费开源的合作者有50多万家。

报导人1：它有些数据只要去隐就能开源给到你。

访问员1：那微博的广告就是给他自己？微博的数据只能他自己接，咱们能接他的数据吗？

报导人1：现在微博是和阿里在一起，所以说它的社交数据、购买数据是可以被打通的。

访问员1：就比方说咱们公司能接它的数据吗？

报导人1：接不了。

报导人1：这个小冰对我来说是没有用的，我不会去做这样的事情，这个是伪命题，代理公司不做这样的事情。

访问员1：你不做，他做。微博、微信、脸书去做。

报导人1：对，只有它们能够做，不是代理公司能够去做。

访问员1：他把数据集中了，那咱们就做不了。

报导人1：我们也不需要去做呀，我们去做这个干嘛呢？如果探讨这个广告，无非就是今天这个创意表现形式怎么样了？从这个实现来说，这不是我想实现就能实现的，逻辑很简单，但是背后太复杂了，这是有保护主义色彩的。其实我相信未来它的数据是可以被打通的，它也可以开放出来的，但是涉及一些核心的数据，看它开放给到你多少数据，或者说它愿意开放给你多少数据。如果说微博自建团队来实现你说的这个，完全可以，那如果说想建一些数据公司……

访问员1：假设说微博它现在不想做，它就想外包给公司去做。

报导人1：理由是什么？我想不出任何理由。

访问员1：我想说，为什么选2010年、2014年、2017年呢？因为2010年那个时候还是"传统时代"，2014年是大数据比较热的一年，2017年是人工智能的热点。这三个年份代表着一种推进。但是我没理解的是，人工智能和大数据在理解消费者上有什么差异？

报导人1：简单说我觉得人工智能是表，大数据是根。

访问员1：但大数据做不了设计，人工智能可以做啊。

报导人1：应用领域是不一样的，所有的应用都是基于大数据的。人工智能也是，无非是在不同领域呈现出来的表现方式是不同的。再说一下是从哪个维度来说2010年、2014年和2017年的。为什么不说得再早一点呢？从联盟开始说。

访问员1：联盟是哪一年？

报导人1：2004年、2005年吧，我不知道说的是不是太早。

访问员1：那会儿它的意义性还没有凸显。

报导人1：其实那也是个里程的事情。如果你2010年以后来看的话。我听你前边说了一句，2010年还是传统广告时代。真不是。

访问员1：那起码数字营销没有超过传统广告。

报导人1：到今天为止也没超过。

访问员1：超过了。

报导人2：刚超过，大概三四个季度前刚超过。

报导人1：不，你们怎么理解数字营销广告超过传统广告？

报导人2：中国现在（广告市场）6 800亿元，现在（互联网广告占）3 500亿元。

报导人1：这里边有多少是来自BAT的？是2018年的数据对吗？

报导人2：是2017年底。超过一点点。

报导人1：那2017年算一个分水岭。但是我觉得，互联网广告在哪几年呈双倍增长的，那就从2005年开始，就这么来了。

访问员1：它那个时候发生的不是质变，而是不停地量变。

报导人1：哦，你是从这个维度上来看。

访问员1：量级上看，你这个增长得快，是因为起点低嘛。它的支撑点没变，只是它的规模变了。

报导人1：那我们还说2010年、2014年和2017年。基于技术的广告收入的增长比率，假设2010年800亿元，到2014年可能是2 000亿元。到2018年可能3 000多亿元的话，那么基于技术的包括什么？包括联盟，程序化广告都在内的占比又是一个什么情形？那再来看技术对这个领域的贡献怎么样？

程序化购买的相关问题

访问员1：这是我接下来另外要问的一个问题：像程序化购买、联盟的出现对我们这个行业有什么样的影响？

报导人1：分预算呗。

访问员1：怎么分呢？

报导人1：随机分。

访问员1：随机分是怎么分？

报导人1：先说一个基本的商业原则。开公司总想赚钱吧？越是新的东西出来越是获利空间大吧？那么在这个前提下，我同样投一个广告出去，在我的利润、我的程序化广告到今天为止还是偏高的前提下，客户可以接受多大比例的预算范围，我就尽可能地往上贴。在这里边你要说服客户，好在今天已经不需要一家广告公司来教客户什么是程序化购买了，这个行业在普及了。程序化广告是在某种程度上提高客户的ROI，但是这里边水太深，数据作假太严重。漏投、少投甚至不投的情况比比皆是。如果把这些因素全部抛去，程序化购买每年上升的比例不大。所谓的增长来自几方面，切传统广告份额肯定是的，视频切电视的，户外切报纸的。第二个消费者聚集的场景发生变化了。我都不大看电视的，也不常看报纸的。我不管它是往PC转还是往移动转，总之它是往线上转，对吧？这个是全都说得过去的，还有个什么呢？相对来说，到今天为止这句话还是有效的，传统广告相较数字广告的最大缺陷来说，投传统广告真的是钱投在那都不知道钱去哪儿了。数字广告是可以被检测的，有来源，从哪儿来的，去了哪里，最终是否有购买，这是可以被追溯的。先不管里边是否有弄虚作假，这个也是可以说得过去的。所以说，每年客户在数字营销上边投放的预算，的的确确是都在增加，大概是以每年30%的均速在增加。假设要关门开一个行业批判会议的话，第一个要说的是流量真实性，第二个，你今天告诉我了，你这个手机端在线人数多少啊，但真实的转化率如何，点击率如何，这还是要去看的，不是说一点都不看的。社交广告有多少水军灌水啊？所有这个行业做购买的公司，成也成在这，败也败在这。以前客户哪有对ROI那么高的要求？腾讯广点通到今天为止ROI才多少啊？不同的品类通过投腾讯的广点通产生的ROI是不一样的。它最高才能做到一比两点几，一比三了不起了。客户现在动不动要求一比五、一比十。你怎么做？这个我们就不谈了，我们一个一个说。我告诉你，事实证明到今天为止，越来越多的客户不信任DSP。

访问员1：不信任DSP，为什么呢？

报导人1：那又要说到流量造假问题了。越来越多客户不信任DSP。

访问员 1：那信任什么？

报导人 1：可能还是要回归。那如果你非要 DSP，那我和你 ROI 结算。A 结算或者 S 结算，你接受吗？接受就来。（A 一般代表 CPA，S 代表 CPS，是广告合作模式的种类 CPA：CPA 即 Cost Per Action 是一种广告计费模式，顾名思义按照行为 Action 作为指标来计费，这个行为可以是注册、咨询、放入购物车等。CPS：CPS 联盟比"供应商代发货"模式更进一步，英文全称 Cost Per Sales，即按销售付费，CPS 联盟实际上就是一种广告，以实际销售产品数量来计算广告费用，是最直接的效果营销广告。CPS 广告联盟就是按照这种计费方式，把广告主的广告投放到众多网站上）那这样的话，对很多 DSP 公司来说，会消减它的很多利润。你可能花费两元钱完成一个未必是 S 或者 A 的东西，今天你可能会花 5 元钱，而你采购成本可能是 8 元钱。也有很多 DSP 公司到今天为止不愿意接受 S 的。比如说对一个汽车客户一个 A（指的是到店试乘试驾）。一个 A 多少钱确定好，我跟你结算。我才不管你投了多少，都不算。

访问员 1：这也是为了去伪存真啊。

报导人 1：对，去伪存真。S 是现在电商网站最通常的管理。它甚至告诉你，广告费我是不付的，你不是号称你的数据牛吗？那这样好了，你每卖一个商品我分你 1 角钱。

报导人 2：这种模式下，我们不是广告商，我们是代理商。

报导人 1：所以说，很多服务电商的 DSP 公司，它不是电商代运营公司啊。但是现在已经承接了从广告到销货一条龙的事情。

访问员 1：就和那几年的零代理差不多。零代理又发生在互联网领域。

报导人 1：所以说你是看到数据变化了。这个是行业跑得到的数据，每年 DSP 的收入还是在增长的啊。你敌不过每年还是有很多新出来的客户，特别是电商类的网站，包括天猫和京东上边的店。它还没有那么多预算，什么头条的，还投不起。那怎么办？就只能投 DSP。

访问员 1：DSP 它主要投在哪里了？

报导人 1：比如我今天要卖这个东西，我投在哪里取决于我的潜在消费者在哪里。可能你在百度上、在一家客户网站上，访问员 2 是在 B 站上，我在携程上。你不知道的。投在哪就看精准技术了。我有大量的用户，因为我知道你人在哪,所以我投在哪,那么跟网站就是按量来结算的。我投一次算一次的钱。当然这是采购方式的问题,我也可以包断你一段时间的流量,都可以。但是今天好的资源是不会开放埋在DSP里的。

访问员1:我就是这个意思,像头条它会对DSP开放吗?

报导人1:当然开放了,它有长尾流量的,所有都对DSP开放的。只不过今天有些自做DSP的。

访问员1:像头条也有自己的后台啊。

报导人1:所以我说有很多已经自做DSP了。腾讯的流量是广点通来接。那还是会开放出一部分的。我们以前叫什么的,DSP是你听到的一个名词吧?你知道DMP、PMP吗?PMP就像今天头条和腾讯在做的。(Private Market Place——私有交易市场)它把自己的剩余流量通过自己的平台来做分发了。

访问员1:是自有平台先产生还是DSP先产生?

报导人1:在DSP的同时,它还有一个SSP。SSP是供给端的,DSP是需求端的。

报导人2:我印象里私有的比DSP晚。

报导人1:通常,在国外SSP就是SSP公司,DSP就是DSP公司。中国是既有SSP也有DSP,好叫一点,都自称是程序化购买公司。程序化购买不是DSP。程序化购买是SSP加DMP或者再加DSP。它是一个平台系统,才构成整个程序化购买的逻辑啊,否则光有DSP哪来这个逻辑呢?所以程序化购买不是简单的等于DSP,程序化购买是个过程。从需求端流量导入到一个DMP里,再分发出去。这是一个过程。

访问员1:那像现在DMP和DSP它们的平台,就相对来说,一般是像你们公司,你们公司自己没有吧。

报导人1:我们曾经自己做过。

访问员1:那现在你们是怎么对接的呢?

报导人1:比如说SSP对接百度,我和百度签协议,对接它的流量,我要用的时候就调取它的流量。它有API接口的就都是开放的。那它有剩余流量,我和它一对接,广告就发出去了。当然素材是要审的,我们还有一个素材库。那如果我不做这块东西,我就是DSP,那更加简单了,我都不用自己建一个 SSP 系统，比如说你是新浪、网易，我直接 DSP 跟你对接就好了。

访问员 1：跟谁对接？

报导人 1：跟你的网站对接，我不再通过一家 SSP 公司了。SSP 公司是一个流量聚集的平台，它手里有网易的资源，有腾讯的资源，我通过它去对接。这样的公司现在一般聚集一些小网站，我不可能今天要采购流量就去找一个个网站谈吧，这不可能。那这样的 SSP 有生存空间了吧？不仅很多小网站，它还有很多比如 APP 联盟，它们做这个的，很多 DSP 公司和它们对接。那么大网站一般不通过 SSP 来对接，就直接和你对接了。除非今天某一个网站把这些流量包给另外一家公司了，那我只能找这家公司对接。再加上那么多公司媒体都自建 SSP，或者甚至自建 DSP 了。

访问员 1：就是说，现在从逻辑上来讲，对一些大的流量你们是直接对接。然后对一些规模小的、分散的流量，你们就通过这样的平台。

报导人 1：是的。比如市面上有很多我们行业中叫习惯了还叫 DSP 公司，实际上它就是程序化购买公司。品友就是一家，舜飞是一家。假设今天我要对接腾讯的广点通。我有两种途径，一种是找广点通的核心代理。所谓核心代理。我一年消耗了 2 亿元、3 亿元、5 亿元，它把核心代理给你。你是这个行业，他是那个行业。另一种是我自己成为代理，去和腾讯谈，这个很复杂。腾讯里又分 KA 部门跟中小部门。那么通常自己对接的是中小，KA 部门的话那就很简单了。我包在整个腾讯方案里边了。

访问员 1：那这里边就有个问题——利润分成怎么分？

报导人 1：跟谁的利润分成？

访问员 1：比如说你跟腾讯。

报导人 1：是这样的，这里边有个"打架"的过程。如果今天我和 KA 部门签，我就是累量记返点。那这块 DSP 这里，就跟程序化购买相关了，跟剩余流量相关了，跟精准投放相关了，它单列一个累量记返点的方式方法。它不会跟着大盘走的。比如说常规电商类的投放，无论你多大量，我都给你 9 个点。那如果说我也可以去找腾讯另外一个部门，我自己去投，你要么内部解决，那么我来解决你们两家。对我来说，我都没有什么太大的损失，那为什么有很多公司想跟腾讯另外一个部门去谈代理呢？这样的话，它能够拿到这个产品相对大的一个空间。就是我拿到了核心代理,那你也要通过我,他也要通过我。还有呢,一些公司是不和腾讯 KA 部门合作的,它无所谓。那我们不行啊,我们还要和腾讯 KA 部门合作,要和腾讯视频、腾讯网站流量、QQ 微信合作。

人工智能应用下的广告产业链

访问员 1:这个涉及产业链的问题。就以前来看,很多公司到了后期,很大一部分的利润来源,来自媒介价差。

报导人 1:什么公司?媒介公司吗?

访问员 1:对。

报导人 1:只有媒介公司有你说的这种情况。

访问员 1:那你们的情况是?

报导人 1:我们有好多家公司,我就说特指媒介公司才有你说的这种情况。那么媒介的利润来自哪里?一个是返点,一个是差价,业内俗称白单。那如果你做创意的就不存在这种事情。创意收的是月费服务费。

访问员 1:这是不投放的。那现在光做创意不投放的多吗?

报导人 1:多,多了去了。那如果又做创意又做投放呢?那一定是以投放为主,创意为辅。行业内叫这样的公司为全案公司。

访问员 1:现在数字营销行业中全案公司多吗?

报导人 1:不少,华扬联众就是,我们顺为也是全案公司,好耶也是。

访问员 1:那就是说,我们有全案公司。我们搞定所有,是这个意思吧?

报导人 1:全案公司偏媒介,我就这样跟你说。

访问员 1:那纯粹的媒介公司呢?

报导人 1:那应该这么说,全案公司一定含媒介。媒介公司未必做得了全案。比如很多 DSP 公司就是媒介公司,它未必做得了全案。它能接 DSP 的生意,它是个投放。它接不了今天创意的服务。我们顺为也是一个全案公司,我们做媒介。那你去看所谓的全案公司,里边的比重从业务类型比重来说,媒介占到 70% 左右,还可以称它是一个全案的公司。如果媒介占 30%,创意占 70%,这家公司不能称为媒介公司。那可能外界也会说它是一家媒介公司。

访问员1：媒介投放需要很多人吗？

报导人1：媒介投放需要一个媒介部。媒介部里又分几个部分，有做计划、排期、谈判、购买的，有些岗位是可以交叉的。它是个专业部门。

访问员1：那它投放是跟对方对接还是自己投？

报导人1：它自己找网站谈。

访问员1：自己找网站谈，那谈完以后你要帮客户投是吧？它不可能一个月不动吧？它经常要变化呀。

报导人1：你说的变化就是媒介排期。

访问员1：排期会变化，内容也会变化吗？比如我投了10天以后发现不理想，我肯定要有变化吧。

报导人1：可以变化，可以撤单，可以重新来。重新来无非是：一换广告位，二换广告素材。这个都是可以的。前提是有空位给你投。

访问员1：是否可以换人？你原来投给他的，现在投给我了。

报导人1：这个打一开始一定会把这个定义定清楚的。首先人是我的消费群体，我的目标，这是不会变的，这个是早就定下来的。除非你的产品变了。

访问员1：那会不会发现你什么都做得很好，目标没找准呢？

报导人1：那就是技术问题了。要看的，如果是DSP就涉及技术问题了。如果是常规投放，那就没办法了。那就是这个网站没找好，媒介计划没做好。明明这些人不应该出现在新浪的，它可能出现在网易上的。但是你新浪预算放得愈加多，导致我的点击量不够，转换率不高。这种情况通常要做的就是补量。那为什么人家做媒介排期的时候，人家不放新浪要放网易呢？可能我和新浪签了一个大框，我必须完成它的年框。我不投新浪，我的返点累计拿不到。这里边又会牵扯到商业利益在里边。我自己分管媒介8年。20几个亿的媒介量在我手里。这里边有太多算法。

访问员1：产业链上是不是还有技术支持公司？

报导人1：没有纯技术支持公司。

访问员1：它不要技术改进吗？谁来改进？

报导人1：一定要说，那就是DSP公司要具备技术能力。还有纯技术公司，可以说是秒针这样的，做监测的。那这些呢，其实不叫技术公司，人家叫大数据公司。比如以前做视频网站监测，播放监测，广告投放监测，这些是大数据公司。其他就没有什么纯技术公司了。其他的可能就是产品型的，秒针本身也是产品型的。

访问员1：产品是指哪一种呢？

报导人1：监测你需要产品吧。艾瑞也是一家数据公司，它要卖产品的吧。广告公司每年都花很多钱买产品的。所以你的广告公司分类不能这么分。行业里的习惯分类是，创意类、媒介类、社会化媒体营销公司、专做搜索引擎的公司、做短视频的公司。做短视频也好、直播也好，它是个平台，需要大量的内容堆积，所以同时它也会是一家内容制作公司。内容制作又分两种，PGC与UGC。大致是这么分。当然还有技术公司，那是特指数据类。

访问员1：平台类的，投放平台的。

报导人1：那这个算，投放平台还要分，是媒体平台还是代理公司平台？

访问员1：代理公司的。

报导人1：那还是归到技术公司类的。

访问员1：你指的媒体平台是什么？

报导人1：比如说，网易是一个平台吧。网易里边还分很多，网站是一个，有道是一个，严选还有其他的。

访问员1：那现在的这些公司和原来的4A公司会有业务关联吗？

报导人1：有啊。

访问员1：那怎么关联起来呢？

报导人1：4A公司接的很多都是国际化的单子。你没得挑。比如OMD在美国接了一个客户，这个客户在中国的业务也是你OMD在做。赚不赚钱是另外的事，但是你得接。以前4A是这样的。那现在4A也要赚钱的，也冲出来去对接本土的一些客户了。现在4A公司和本土公司有合作的，第一是DSP投放，当然也有4A公司自建平台，OMD就自建平台。第二个要外发很多东西出去，创意要外发、社会化媒体营销要外发，它没有那么多人去做，后期制作要外发。还有4A公司有那么多"大号"资源，它也要和微博这样的公司合作的。

访问员1：4A公司做创意也很棒啊，那咱们现在也有做创意的公司啊，怎么和他们相比？

报导人1：第一你要记住，4A公司也好，本土公司也好，对我们这种广告公司来说是轻资产公司，就是人，我今天在4A公司，明天在本土公司。无非就是我背后是哪家公司而已，人还是这些人。

访问员1：假设微博成立inhouse广告公司来做广告的事情。

报导人1：对，那就是左右手互搏，这就是互倒的事情啊。一般的公司不愿意做这种事情，原因很简单，数据永远不在你这里，分分钟你被抹杀掉了。因为你不掌握数据。为什么说代理公司日子越来越艰难？上游是媒体，下游是客户，分分钟可以跳空你的，所以说代理公司最核心的竞争价值就是服务。

访问员1：他去代理化以后，比如说网易、今日头条、百度的客户端都给我，我自己来做，那要你干嘛？假如就这种大规模的粗暴的标准化的直投，我就直投。

报导人1：直投可以的，本来就有这样的。你要知道媒体里面分直客户和代理，但是90％来自代理。你可以单独去投，问题是做一家代理公司，我还有很多额外的付出给到你。我要帮你做很多媒体的整合，这也就是说为什么有很多案例会有跨媒体整合营销呢？就线上来说，我都不用跨媒体，线上我就跨平台的整合营销。

访问员2：有些你是可以跨的，但是你没有数据的资源，比如说头条来做你的事。

报导人1：它不太可能开个广告公司去做这件事情，如果它的资源就在头条，它跨不到其他平台去。

访问员1：它这样会很麻烦，会投入很多。它只能直投那么两三家。

报导人1：存在是一定有它的必要性跟它的合理性的，代理公司就是这样的，它的凸显价值优势就在于它的服务。今天就算是头条，单一媒体你来投我，这个没问题。但是如果说今天我要一个整合的营销方案，这不是头条能给出来的。

访问员1：我的意思是这样的，假如说就针对像头条这样，我今年的预算就百分之三十都投头条了，我用人工智能做那些banner、信息流、然后做各种广告。

报导人1：你就属于那种代理公司最不喜欢见到的客户，说到这，我就来气,好的你都拿走啦,剩下的"垃圾"给我做,那我为什么要接你的单子,我可以不接的。

报导人 2:现在已经有这种趋势出现了。

访问员 1:你刚才讲的大规模的批量化的,可以批发的类型,简单粗暴的,就不需要你们了,我们可以自己做。

报导人 1:大前提是,假设今天我投放 30%的预算给头条,头条对于我来说,是占据 30%份额的独家的、单一投放的媒体,我不需要横向再去做任何的比较,我也没有其他那么多的创意的需求。或者说我和你头条签,你帮我设计,帮我宣传。如果我是客户,虽然说我是代理公司出来的,我可能也会选择这样做。但是,通常来说客户跟代理,代理跟媒体有一种天然的默契。所谓的默契也就是互相都在彼此依靠,是互相撑着的,三个角是支撑最牢固的,两个角就不行。但凡打破这个平衡,这个行业格局就改变了。

访问员 2:像原生营销,它就做一块,不可能做得很大。

报导人 1:对,它是有问题的,因为它的制作成本太高了。

报导人 1:原生营销一般来说有好有坏。假如我提个提案,甲方投放凤凰的话,多数情况下用的是凤凰标准的流量,标准点位。你看凤凰再也不提原生营销的事情了,成本过高,太消耗人力,每单做下来不一定挣钱,而且千篇一律。

访问员 1:现在比方说我可以用人工智能写微博软文,可以做简单粗暴的设计,可以做一定程度的监控。在这种情况下,假如这个客户只需要这些就够了,那我引进一些人工智能就好了。

报导人 1:什么叫引进人工智能?

访问员 1:他运用这个技术。

报导人 1:谁给你这个技术提供?

访问员 1:技术公司啊!

报导人 1:技术公司哪儿来的数据源啊?它只是一个技术公司啊,它只是能够实现这个技术呀,那你源源不断的数据从哪儿来呢?

访问员 1:比如我就和网易签。

报导人 1:那你只有网易的数据,你的数据不全啊,你有你的局限性了呀。

访问员1：假如说我就想和网易……

报导人1：那你都不用人工智能，你直接和网易谈不就好了么？

访问员1：对，但我还要设计的，我需要用人工智能设计一下。

报导人1：你这个超出了我们行业的"游戏规则"，千万不要把你这种论题抛在行业里，要引起爆炸的。对你是可以，如果单一投网易，网易是可以做到的，全部帮你包掉了，从创意设计开始到点位的布局到线下活动执行，网易都能帮你做到。网易做不到的它会找它的供应商去做，就可以了。至于网易有没有人工智能和你没有关系的。

报导人1：代理公司存在就有它的必要性，它是这个平衡，不会走到这一步的。

访问员1：那如果有这种趋势的话，那这样下去只能接一些小的资源啦。

报导人1：那我再说，广告公司如果往后推看十年二十年极有可能变成咨询公司。

访问员1：对，变成咨询公司。

访问员1：像全案公司和媒介代理公司，咱们有没有技术能力？

报导人1：有。

访问员1：哪方面？

报导人1：所有的营销公司，数据营销公司或多或少都会有一些技术储备，但是有些技术偏前端。你说H5需要技术吧，网站需要技术吧，甚至说现在做一个双微的页面也需要技术，这是前端技术。那么还有后端，后端会有程序开发。

访问员1：你们也做程序开发吗？

报导人1：我们有这样的人，不是每家公司都有这样的人。

访问员1：那你们这个程序开发的人在公司里面的比例大吗？

报导人1：不大。

访问员1：他做开发是真正地做开发，还是为了和程序开发的公司进行对接。

报导人1：是真的做开发。

访问员1：那如果人不多，他能做真正大规模的开发吗？还是只能做小开发？

报导人1：我要做什么大规模的开发？

访问员1：前端的简单的。

报导人1：你指的大规模开发是什么？我造不出百度机器人，那就不是我的擅长。

报导人2：换句话说，像我们这样规模的公司，负责程序的部门本身是程序项目的管理者。举例来说，我要造一栋房子，我不需要开一家砖厂，我去买砖不就好了吗？他们的角色可以整合更多，但不一定都是自己写代码。

访问员1：对，我知道，我的意思不是开一家砖厂，我们可以买砖买涂料，实际上就是整合了。

报导人2：因为我们这个行业是现代服务业，服务甲方。而甲方和甲方的博弈已经是精细化运用阶段了，不是20世纪80年代了，所以他们精细化要求越高，我们广告服务业的要求就要跟着走，要不我们就跟不上这个行业了。

报导人1：人脑和经验都不容易被打破，人脑是最复杂的。我们是BCB的行业，但是决定要买的还是C来决定。只要最终能触及C的，我觉得就不是一个简单的东西，这个太复杂了，不同的年龄、地域的消费者，对同样的东西，客户想法也不同。所以说只要在广告领域我们服务的绝大多数品牌都是TC的，再加上我们代理公司所能提供的服务超过一般的平台网站的服务，从这个角度来说，我们也干了很多苦活累活，都是为了争取把这个单子拿下。如果今天的客户真的精通到这个团队既能做分析也能做策略还能做整合，知道每一个媒体的价格，知道每一个媒体怎么去谈，知道怎么才能利益最大化，那么的的确确和代理公司也没什么区别，假设创意能力还强的话……但是呢，没有这样的客户。

访问员1：所以说咱们的创意公司也好，数字营销公司也好，是不是就是它更偏向于我们刚刚讲的基于人力的能力的策略，经验的、能力的，对于我们来讲是更为核心的，能这样理解吗？

报导人1：对。因为你说到经验啦，以人脑为核心的，首先你的知识面要非常的广，各行各业都得略知皮毛，如果做到创意，你还需要懂得一些材料学，懂一些分子化学，物联网都懂一点，很多都是综合来看的，真不是人工智能。这个我们是有自信的。如果做一个小小的总结的话,人工智能能够取代的,就是那些简单的重复的不需要花太多人脑去实现的一些工作,比如说尺寸批发。

访问员 2：不一定是简单的重复的,就是有逻辑规律可循的。

报导人 1：那这个人工智能可能逐步取代,不仅仅是广告业,制造业也是一样的,制造业更加会被取代了,生产线、流水线上可能全部被取代了。

访问员 1：咱们做创意也好,还是咱们的核心能力集中在大的人力的部分,这样的话,咱们创意性的公司跟以媒介为主的综合类的公司相比,会不会在未来有产业上的比重变化？

报导人 1：角色不同,你说的比重变化是什么？

访问员 1：从数量上、收入上。

报导人 1：是这样,媒介公司的收入一定是大于广告公司的。如果你说财务上,因为媒介公司有媒介采购的费用,所以说销售份额一定大。落到毛利,那媒介公司的毛利一定比创意公司高,因为创意公司外包成本和采购成本低,比重占的小。毛利以下的部分,创意公司的人工费用是大于媒介公司的,综合起来看,创意公司净利大过媒介公司,但创意公司的流水小。

传统广告创意与数字广告创意的差异

访问员 1：传统的公司比如投放电视的和咱们现在做创意的新媒体的数字营销的创意公司,它们之间的创意的差异是什么？

报导人 1：那这个差别太明显了。如果它以电视媒介作为主要收入来源的话,它不存在创意。

访问员 1：人家拍广告片也需要创意。

报导人 1：好,如果你是帮客户拍广告片了,那这个是创意,跟我们没有什么区别。拼创意、脚本、后期制作和导演,拼这些,那没什么区别。

报导人 2：这个领域啊,从上往下有一个工作环节。从策略、创意、内容制作、投放一直到监测。传统公司的能力都在传统端。它不具备数字洞察能力和数字创意能力。数字创意,我们说除了拍片子以外,我们通常都交互创意。传统不需要这样的。

访问员 1：传统的创意公司和咱们的创意公司都是在做创意。咱们的创意和它们的相比从内容的范围、核心能力或者说品质也好,有哪些差异?

报导人2:有很大的区别。

报导人1:我这么回答你吧,传统公司分很多种。我做电视的,还会拍片的还好,这个里边还有很多要做创意的。如果是报纸和户外,假设他们只是做传统的,跟互联网没有关系的话,他们的创意就是平面设计,说到底就是一张平面设计图。数字营销行业如果一定要来形容的话,我们同样都说设计,我们的设计是有声音的、有动画的,它可以产生交互,可以被点击追踪,可以实时替换素材,可以被社交分享,甚至很多互动创意可以做到所见即所得。很多视频网站就是这么做的,对吧?跟广播相关的也还好一点,与广播相关的广告更多是文案,这个也是创意,这个创意的思维角度和路径是和我们所谓的平面的文案创意是不一样的,也是蛮了不起的。除此以外的户外和报纸,谈不上什么太多创意。

访问员1:那咱们的创意是在做什么呢?请举一个完整的例子。

报导人1:好,我举一个例子。我问你,提起胶带、封箱带,你能想到什么?我直接电脑里边看这个创意吧,戛纳拿铜奖的项目。

报导人2:即便我们回到视频的创意上,数字端和电视端都是有区别的。数字端,假设我们做一个病毒性视频,让用户能够看下去的话,讲究的是5—8秒就要有亮点,否则15秒内肯定会跳出。而电视端5秒钟没人看就换。而更紧凑的适合在碎片时间去消耗,不管是时长还是脚本跟着用户的在数字端的行为洞察,不管是他看东西的场景,还是他打开时候的习惯,甚至是他在中间注意力的变化都是构成脚本的众多元素。而电视端可以拍一个高大上的5分钟的视频,移动端没有人会看5分钟广告片。

报导人1:(胶带广告片播放)首先这是一个新的媒介介质,第二运用了新的技术。在胶带上做文章,今天是颜料对吧?这是我们和动物保护组织做的公益的广告。我也可以做一个商业的广告,里边既可以加颜料,也可以加香味。同样是香味,我也可以做食品味道、水果味道,我都可以做吧?这些是不是新的媒介、新的介质、新的创意表现方式?

访问员1:这怎么做出来的?

报导人1:我现在就回答你,这就是创意。想出来之后要实现,要找不同的厂商去试验这个胶带。双层的里边到底怎么做好?比如我当时还和我的团队讲,这个划一下能够稍微溅出来一点点,刚好溅到你的手上,而且一擦就能擦掉。你的震撼力会更大。这就是创意。我再给你看一个。

访问员1:那这个胶带赚不赚钱?

报导人1:胶带赚钱,这样的盈利模式会有很多种。我可以让它赚钱也可以让它不赚钱,主要看我出于什么目的。

访问员1:那咱们就是不仅仅给SN做了这个创意,咱们还帮他实现了,还卖了胶带。对不对?而且胶带也盈利了。

报导人1:媒介介质本身就是盈利手段。有很多盈利点,我要有取舍,跟客户谈的时候不能说都赚。

报导人1:(播放片子)这是一张电子海报,主题是关爱女童。后边有个发声器,海报是可触摸的,制作成本很低。在实现的过程中,很多产品是先出来原型的,所谓原型是一个非常粗陋的东西。就像这个后边有个发生器,一开始发生器那么大一个。经过试验以后,我可能把这个发生器做成一个小零件。基于海报面上这就是一个设计问题。

访问员1:假设你把这海报卖给某奶企儿童产品(作者隐),它每扫了一个就捐出一个,也增强了它的品牌形象对不对?那你这个海报本身也是可以盈利的。

报导人1:如果我想做就是可以盈利的。

访问员1:那你就卖给它,假如说这个海报你的成本是十元钱,那你卖它就15元或者13元。是这样吗?

报导人1:这只是个简单的想法逻辑。如果和它谈,我们会这样,真要它买,它能买多少海报啊?它捐出来的钱,生产更多的海报,这些海报捐给那个女童保护基金会。如果要从它那赚钱的话,不是这么一个卖海报法。我会和它的产品直接绑定。它所有产品上货架,全国超市都有,××星一买就是一箱,海报做一个封面放在上面。我们连着这个东西一起销售啊,我一张张卖给你,那要卖到什么时候去啊?我赚你一张两元钱就赚大了。

访问员1:那你的创意赚不赚钱?

报导人1:是服务费,这个专利在我们这里。

报导人2:这个事本身是有社会报道效应的。还有引申传播的很多事没说呢。

访问员1：咱们的创意为什么他们做不了？

报导人1：我们的创意本身在于什么，前边胶带那个叫注意力设计。今天没有人说是闭着眼睛划胶带的吧。你划胶带的那一刻，你的注意力是集中在胶带上的吧？所以在那个时候，无论是出现香味还是颜色，对你都是最震撼的。另一个叫社会设计。当然了，注意力设计里，我可以做社会设计吗？能。这个就是社会设计，希望这个社会变得更加好。希望企业在做捐赠的时候，同样可以带动企业的销售。这个就是两全其美。

访问员1：那除了这个设计，还有其他的吗？我想看不同类型的。

报导人1：那所有创意都是要基于介质的。我还有另外一个公司，生米组成。我回头给你两本案例集，都在里边了。还有一个现在正在颠覆创意的，不仅仅是我们认识的基于互联网的技术，还有材料学、半导体，有很多周边技术正在颠覆创意的表现，以及它的运用场景。前面我举的例子，比如CN胶带，它里面和材料学相关，跟分子化学相关。如果说我们还有一张海报，它有一个非常简单的发生器，甚至要用到一些相对复杂的还会跟半导体原件相关，所以说这方面的技术正在颠覆。如果我们仅仅说是AR、VR对创意的颠覆，或者说其他的人工智能对创意的颠覆，可能还小了一点点，但真正改变这个行业的，可能还不是我们天天所能看到的，还是我们不熟知的，不知道的技术。生米组成，前段时间我和我的合伙，创意大师Peter，他在4A工作了30年，是我国台湾人，在大陆和台湾地区都工作过，现在我们一起在做创意公司。前段时间我和他还有另一个执行的创意人员一起去了泰国，我们去看那边的材料展。这里面包括布料、木、竹以及一些和化学成分相关的。要知道不同的材料，可以运用到创意上边的表现，最终得到的东西是不一样的。那么我说为什么创意公司和创意公司都有区别，有些是基于视觉上的表现，有些基于竞争活动的表现，那么生米组成它可能更加聚焦的，还会跟一些物联网相关的。

访问员1：您指的物联网相关是什么？

报导人1：比如说，现在公交车上地铁上都要拉环，对不对啊？今天看到的拉环就只是一个广告的一个异形。那么还有，如果你拉上去的时候我能够测量你的心跳和血压，能够直接给你健康建议，能够直接和手机捆绑，这不是一个物联网吗？

人工智能应用于广告效果优化

访问员1：我还有一个问题，现在咱们做的数据营销跟踪、数据监测，你们能不能做到和读者互动呢？

报导人1：监测什么是和消费者互动呢？

访问员1：比如说我看到那个广告，我觉得是差评的。

报导人1：没有这种互动方式，说广告是差评还是优评，今天是一个互动体验，比如说微信的留言、转发、圈粉就是个互动。还有微博、视频下面的点赞留言，甚至说因为视频出来，我可以直接点击产生购买，这就是互动。

访问员1：对，我觉得比如说有人给我推送了一条微信广告，那我看到广告后我会给他留言，这个广告太差了，不适合我，那这种情况下你们会怎么做？你们有没有办法去做？

报导人1：不需要做什么，什么都不用做，这是微信后面的大数据设定的我的投放的人群范围的，数据总会有偏差，这太正常了，你不用做什么事情。

访问员1：对，我就是这个问题，这就是大数据和人工智能的差别：大数据它是回复不了的，但是人工智能它是可以通过设定，它是可回复的。就比如说我们现在看网易，经常小冰在那里评论说："这个女的天天整容脸。"它会根据不同的内容在回复，对吧？新闻它能做到啊。

报导人1：很多留言回帖都是机器人做的啊。

访问员1：对，机器人做的，那我们广告领域里能运用吗？

报导人2：理论上可以，但实际上很难。

报导人1：在哪方面运用？你前面说的不已经是广告领域了吗？这不社交领域了吗？

访问员1：我就问这个领域可不可行？

报导人1：可行啊，她说的是自动回复、灌水啊，是可行的。

报导人2：这个很难。实战的情况，就是在社交角度啊，一般来说对于管理用户产生的声音是有软件可以处理的，但这方面是有针对性的，首先是界别，然后是分类判断，接着再回复。分类判断上，我们这样说，这个人说这个品牌一塌糊涂,我知道他是在差评,但是说这个品牌"啊咋破财"我认不出来,中文太深奥。"啊咋破财"我知道是什么?

访问员1:对,你说的这是正常的角度。

报导人1:我知道现在的流程是这样子的,首先呢,的确是机器筛选的,它会设置关键词,那这个呢在行业里叫舆情监控,最简单说爬虫技术在海量的互联网上爬取我所要的信息,怎么爬?它一定要设关键字的,无非你设的精准不精准,维度够不够宽。爬完以后,有这样的关键词,出来以后,我再来做人工干预,全靠机器人。像今天说的,到今天为止你会发现比如微信你想发一个敏感的词,你发不出来,但我只要改变一下,我就发出来啦。

报导人2:你加一个空格,或者你加一个标点。

报导人1:那这个是到今天为止,机器无法完全做到的。

访问员1:那这个是应对正常的,因为广告它不会设置。

报导人1:应对正常的,无非就删,不给你上,这就是应对正常的。

访问员1:对,删,不给我上,但这是粗暴的,我的情绪需要安抚啊。

报导人1:需要安抚是吧?要么自动回复,大众点评上很多都是商家自动回复的,我设置好几个语境自动回复的。

访问员1:那你这种方式还是简单粗暴的,面对一千个人,你的回复就那么五条。

报导人1:还有一种,针对的就是有情绪的话。我告诉你到目前为止,绝大多数都是人工回复,它是有客服中心的。

访问员1:对,像上海发布,他们的每一条都是人工回复。那在这个领域里,因为我看到网易,大多数评论是机器人做的,是小冰做的,网友会经常骂它"你这个机器人你懂什么?"或者网友会说:"今天又暴露了,你是一个机器人。"它回复的可能离题了,但在这个领域,在广告领域能不能运用?

报导人1:什么叫广告领域,还是应该再说清晰点。

访问员1:就是说消费者评价,我看到这个广告时的我的评价,我的态度,我需要有人回复我。

报导人1:可以啊,如果机器人回复在你看来是简单粗暴,总有一天会被人看出来是机器人回复的。

访问员1:对,我需要一对一的回复。

报导人1：好，那一对一的回复可以，就人工回复，那初期的投入不一样，你还有什么路径呢？

访问员1：那它机器人回复能不能更近一步？

报导人1：要学习的，这个机器要学习的。

访问员1：对，机器学习，用算法。

报导人1：那真的得学习啦，回家买个小I机器人，什么时候你能把它用到自如了，比如说，你说"小I"，它说"我在"，你说"放一首歌给我听"，它给你放一首歌。等到它几轮以后知道你听什么歌了，一个机器的学习的过程就完成了。

访问员1：而且我们不能只谈现在，还要谈未来。

报导人1：再比如说，你说的是湖北话，它听不懂，等你多说几次它听懂了，一个机器的学习过程就实现啦。这是需要过程的。人是最复杂的生物。你要知道，你要说全都靠机器人，今天你问的这个问题，你给的这个差评，你想得到的结果和我想得到的结果是不一样的，你想听到的话和我想听到的话也是不一样的。你全部要靠机器人，这个工作量实在是太大了。

访问员1：我没有说全部，是部分。

报导人1：部分可以的呀，是可以先采取起来的，可以一边舆情监控，一边机器人回复；当我觉得这个人对机器人的回复不满意，甚至引起反感的时候，我就人工干预了。

访问员1：不是对机器人的回复不满意，是第一步机器人能不能回复？

报导人1：能回复。

访问员1：我说的是机器人回复专门针对你、针对我、针对他。

报导人1：可以。

报导人2：你说的机器人进入到那个状态，不是今天的状态，几年后进入那个状态的话，它肯定不是各个平台有机器人，而是一个机器人贯通了多个平台，能够知道一个人平时的风格，未来你面对的会是一个知道你是谁的机器人。而不是每个平台有个机器人和你聊，这样才能根据你的习惯。像我用文言文骂人，它知道没关系，它用文言文跟我聊。

访问员1：也不用说达到这种程度，它达到对语言的理解和对你这个人的情绪的感受。

报导人2：当然，我们觉得对语言的理解和对人情绪的感受，它可以完成刚才的工作，但是降低机器重复学习和更贴近用户的角度，肯定是一个白牌贴标的东西，这个东西可能是小冰，也有可能是一个亚马逊的 echo，有这种可能性。它是 B2B 的贴牌在做这种东西。

访问员1：对，我问的就是这种。

报导人1：从大方向来说，我认同，终有一天可以。

访问员1：所谓的终有一天，就3年5年10年，对不对？可能还要不了10年。

报导人1：是一样的，取决于你对这个回复的要求有多高，它如果能够根据不同人的语境，它要做语义分析？那么现在语义分析用到更多的是，在程序化购买的时候就用到了语义分析。你在看一篇东西。但是人的思想太过于复杂，每个人同样说一句话，他所想要说的意思不一样，特别是文字，你说的时候还有口气语调，同样一句话，你试试看，你说出来和写出来的语气是不一样的，特别是你不打标点符号的时候，真的是要深度学习的过程。

报导人2：第一个是这个存在，但是这个愿景可能需要很长时间的发展，不一定是三五七年。第二个是，进入到那个阶段，我们再去探讨广告格局就 low 了，那个阶段我们已经看千人千面的小说啦，它能知道你喜欢看哪种小说，写出来的小说结局都不一样。

访问员1：我觉得当我提出一个情景问题的时候，你们就把这个情景上升到100分，它是怎样的来回答我，实际上我的感受是，当我设置情景的时候20分是怎样、30分是怎样、40分怎样，50分怎样，或者说它可以第一步简单粗暴的能不能做到，但不是他说的那种五六个啦，起码是针对我的，可能就是我这个广告我不想看，它可以你不想看，就给你换一个，是这样子的，不是那么完美的。

报导人2：评论的干涉是做得到的，而且在行业里，几年前我就见过这样子的形式，我不太记得是哪个公司做的，当时不是非常完美。甚至于我们再说微软小冰或者说不是小冰这种级别的，就智能很低的机器人，很久以前我们用的机器人，那套代码，开源的做 BBS 的，有无数人在开发插件，那个插件就是，可以注册无数的 ID，它们像人一样的陪着一个用户玩，你在上面说"今天天气不错"，下面一个人跟帖"无聊"，就会有这种，它有无数的机器人,让你感觉你自己就在一个社区里,当然他们的智力都不高,这种东西很多年前就有了。以前中国的 BBS,是 2002、2003、2004 年做得很火,我们那个时候就有那个插件了。我们最早做论坛,没人陪你玩,注册一个号你就会发现你周围有一帮人。但这帮人说的话都没什么"营养",有人和你搭讪,只是没有什么意义。它能保证它说的话不错,但是和你没有什么关联。

访问员 1:对,我就说是对广告效果起到那种搭讪的效果。就比如说小冰,我可以把我的所有微博、微信数据给它,它可以判断我是一个什么样的人,知道我是一个什么类型的人,那么在投放广告的时候,你们能不能用上这种数据?

访问员 1:微信现在已经可以做了,只要你同意。

报导人 2:所以回过来说,一个正常人会同意它去扫我的微信吗?当然它在条款设置一个坑,让我跌进去的话这是另外一说,这肯定是违背正常人的行为逻辑的。

访问员 1:这个里面涉及的是隐私的问题和技术对人的侵犯的问题,这是另外一个领域。

报导人 2:换句话说,我们在聊人工智能和广告商业的结合中间,伦理和法律这两条线是绕不开的,所以刚才说的那个应用条例,如果要跟着 IM 软件的聊天记录来做的话,我不觉得这是运用条例,这是会捅核心的篓子的,如果是用微博这种公开的语境这没问题,但也不能扫到微博的私信里面去,这还是有个范围的。

访问员 1:假设说是一个微博,但除了微博,我们还是可以设置许多场景,比方说我上网的情况,我 APP 的浏览,有一个类似小冰的一个东西,

报导人 1:我换一句话说,这个逻辑上存在,但从实际的生意上不一定划算,要做语义分析的话,无论是你对于这套广告产品的研发,还是对服务器的带宽,将带来非常恐怖的压力,因为你打的每一个词,它都要做各种各样的分析,在这种情况下,有可能把你的广告效益,比如说提升 6.5%,不可能提升到 2 000%吧?你肯定会做财务测算,不一定划算。

访问员 1:就从财务上讲,它是不划算的。因为它现在的技术效力还没有提升,那一旦它的技术效力和技术成本降低以后,财务上它就可能空间大了吗?

报导人2：理论上是的，脸书能做这事是因为它是全球最大的社交媒体，规模效益上是划算的。它会算的啊，它的每一次feeds广告折算提升多少价值。但是我们现在说新浪微博有人看完评论是没有的，谁会没事儿把新浪微博翻到底呀，但是脸书会呀，他的社交强度是比社交媒体要高的。基于熟人的包括有公众号关注的这种玩法，它在一个流量的长度，长尾流量的价值中广告变现决定了它做这件事情是划算的。理论上要存在，但有特定的商业基础和谁来做的问题。

访问员1：对，这是不是说现在还考虑一个是技术支持的情况，第二个是整个效率成本的情况，所以它现在就不可行或者说暂时不可行？

报导人2：对，这个阶段还没有可以做这件事的契机。

访问员1：对，暂时不可行。现在因为人工智能也在推进，任何一个东西刚开始出来肯定是贵的，随着时间的推移，之后它的成本肯定是会下降的，成本的曲线肯定是向下的。当它成本曲线下来以后，可能溢出到咱们这个行业。咱们的行业有一天可以做这个啦，成本没有那么高啦，在这种情况下咱们的效益是够了的，够了之后，在不侵犯隐私的情况下，咱们能不能做这件事情呢？

报导人2：我如果回答这个问题的话，要回到刚才报导人1说的，我们这个行业有很多不同类型的公司，如果进入到刚才那个状态的话，第一，我们做代理的行业已经不是现在干的事儿啦。第二，我们这个行业已经在一个濒临消亡的临界点了，未来存在的是技术型公司，我们服务型策略型公司不一定有那么大的价值。如果到了这个程度的话，刚刚讲的媒介型吧，实际上媒介型也是依赖技术的。

访问员1：那创意型还是大脑依赖的、人力依赖的。这种情况下，像小冰这种智能机器人，把它运用到现在的广告投放、广告的应对方面以后，实际上它是增加了技术依赖，我可以这样理解吗？

报导人2：可以，甚至于它将对人做的内容的依赖也大大地转变了。

访问员1：对人做内容的依赖大大转变是什么意思呢？

报导人2：把以前的"红楼梦"拿出来，用现代的科技解决的话有点夸张了，但现在的凡客体绝对是小冰做得出来的。因此说在人工智能的一定阶段里，创意对人的依赖会或多或少的降低。

访问员1：它对人的影响或多或少会降低，那我说的这种情况，对现在的商业模式来说是另一种，或者说假如你们的数字营销是3.0，这个可能是4.0，它对你们也是一种颠覆，对不对？是不是可以这样理解？

报导人2：对，没错。这个问题立意出来的时候，我们聊的是数字营销产业，其实在那个阶段，整个社会和商业评价都不一样。

访问员1：那微软小冰实际上就是机器人。

报导人1：但是你要知道无论什么机器人，它的背后都是人设的。它不知道这个链接。

访问员1：它要一对一的回复么，首先它要看得懂我想要买，然后才能回复给我啊？

报导人1：要么你一定会给它一个信号，这个信号可能是一句话，可能是一个动作，就是你过多关注它推荐给你的这个东西啦，总是要有一个信号的，这是很容易的。它推荐给你的东西你点进去看了，在这个页面上平均停留了5秒钟，你停留了超过5个页面，它就判断你对这个东西感兴趣，里面都是可以人设规则的。当然是可以做到的，后面还有出钱的人呢，这个东西在天猫上有，在京东上有，谁钱出得多，这条链接就推给谁，这就是商业模式么。

访问员1：这就是推广号么，首先我推荐给你，第二次我再帮你把链接推给他，这相当于是两次广告，第一次是广告给你，第二次帮你引流。

报导人1：这个通过几次，其实不重要，这个途径是越短越好，越长流失率越大。

访问员1：我刚刚的设想能不能实现？

报导人1：这个不是我们能做到，这个一定是微博，因为数据在它手里。

访问员1：在微博里能做？

报导人1：当然能做，它现在其实就在做。

人工智能在广告创意中应用的可能性及创意型公司的业务流程

访问员1：创意公司的架构是怎么样的？你们现在有几个部门，大概有多少人？

报导人1：分项目，主要是创意。

访问员1：你们有几个部门？

报导人1：我们没有怎么分部门，生米组成就是创意，项目管理不分部门。

访问员1：那来了客户之后搞成一个项目组？

报导人1：对外会接客户的 brief，当然创意也会去接。对内一个好的项目管理，他会知道如何去分配任务，去协同整合，去提高单位的人均产出量。我先把 Peter 找来，他是我们那个胶带项目的成员，生米组成的创意合伙人，30 几年的经验在里边。跟创意相关的，特别是前边的问题，人工智能现在的涌现以后会逐步对创意这个行业产生影响，这个影响可能是提高效益，可能是降低人力，可能是取代……你听他怎么说。

报导人3：然后他们还是找创意的人来帮他们推广，如果他们这么棒，他们怎么没有自己去推广人工智能？我觉得他可以提供一些工具，但是工具跟工具之间的组合和运用呢，因为基本上广告圈里的创意都是在做，在人对人中间的沟通这个环节，其实有情绪在里面、有 timing 在里面、有 moment 在里面、有成长的环境在里面。人工智能要能运作，基本上它得要把所有的数据都输进去。比方说，河北的跟江苏的就长得不一样，它成长的环境就不一样，山东的跟上海的长得也不一样，它没有办法这么全面地把这些信息全部都录进去，所以它分析不出来。尤其是一些跟情绪有关的，虽然他们有做一些情绪量表之类的，然而我不觉得它已经可以全面去取代或归纳了人类情绪所有的组成部分，尤其是关系链的这个部分。如果在数据不全的状态下，人工智能基本上就没有办法取代传统。未来有没有可能呢？未来可能仍然不可能，是因为这个数据量会越来越大，因为人的行为一直在改变，而且更换的时间跟速度真的太快了。比方说，大家在网络上的行为，其实大部分的数据会被采集，可你在 QQ 这边跟你在微信这边，或者是你在其他脸书的这些行为其实都不一致，你在脸书上可能是一个意见领袖，你在 QQ 另外一个群里面，你的角色可能是一个附和者。因为它的资料其实匹配性低，它的人工智能就分析不出来，就没法取代。我的看法大概是这个样子。我觉得现在人工智能能够取代的部分，是比较低阶的执行的部分。比方说电商现在可以用人工智能的方法把 banner 很快又多地搞出来给顾客选，其实这个部分我们不认为这是创意，这只是一个 layout 的排列组合，人工智能能处理这个。但是它没有办法到达所谓的创意的那个利益区。

访问员1：你的这个思路倒是跟报导人1的思路是一致的,对不对？我觉得你们俩在这个观念上是比较一致的。

报导人3：所以我们才一起开公司啊。

访问员1：对,你俩的共识是很高的,尤其是关于创意类的这样一个公司。那你们的创意,比方说刚讲的胶带,那这个创意的产生过程是怎样的？

报导人3：是去抽一支烟后突然想到的。

访问员1：那你怎么知道这个创意能不能成功呢？

报导人3：想完以后,我们的验证指数啊,就是你这个idea想完以后,自己身上有鸡皮疙瘩,就说明这个idea是对的,还不错。

访问员1：那比方说我想到一个idea之后,我发现这个idea实现不了,那也只能忘掉它,对吗？有没有发生过这样的事情？比方说想到这个胶带,你会发现这个实现不了,去找来胶带公司做不到啊。

报导人3：因为我们也不会想办法设到火星去啊,不靠实际的我们基本上不想。那我们自己有圈一个领域出来,比方说在半导体在材料学等。那在我们可以找到合作厂商的这个过程中,这个领域我们去发展。所以我们基本上发展完以后只是花10天或20天找到供应商来供应、协作的问题。

访问员1：那在半导体材料这个领域发展的话,你是不是所有的都在这个领域？你现在创业都在这个领域吗？

报导人3：没有。我们可能是中国唯一足迹跨这么广的一家创意型公司。因为其他公司大部分都在做communication,那communication其实一个Art一个copy writer,然后可以自己产生物料了,然后就往市场上投放,这事情就了了。那我们希望我们创造出来的故事不是掰出来的故事,因为真实的故事才好听,所以我们得要去透过一个物件去创造一个真实的故事。胶带就是一个真实的物件,在市场上就是一个真实的物件导出来的真实的故事。然后我们再用原有的能力去把这个故事给包装了,把这个故事跟你说。我们的做法比较biological,所以我们在整个核心的部分,其实有很多产品研发、创造的能力在,而创意公司基本不具备这个能力。

访问员1：因为刚刚那两个案例,我就发现除了你们的创意之外,实际上你们还有一点点产品的概念在里面。我可以这样理解吗？虽然这个产品是一个媒介的介质，但它也是一个产品，对不对？

报导人3：这么说，我们基本上都快产品导向了。在跟很多品牌合作的过程当中，我们涉入它们产品的研发过程里。因为只有这样，你才可以做到这个产品跟市场上同类型产品的区隔性拉大。我们可能不会去做真正产品的这个部分，可对改变这个产品对一个社会议题或者对消费者中间的情感关联的这个部分，我们还是有能力的。那当我们涉入得这么深的时候，产品和品牌的本质就改变了，然后它的影响力也比较大。如果在末端做广告，最后的结果顶多也就是让别人买买买，那我们的大脑就不用做无聊的事了。

访问员1：实际上我觉得你们现在这个广告导向在于除了让人家购买之外，还能带给别人一点额外的东西。比方说带给他一个公益广告——保护女童，或者说给一个胶带让它看起来更赏心悦目、有气味，或者说能够起到公益效果。就是说广告本身从效益上来讲，除了经济效益之外，实际上还有社会效益，他把社会效益也附加到这个创意了，对不对？

报导人3：我举个例子，我们最近去提了一个跟食品有关的案子。这个客户的 brief 是他们想要一个新包装去推广他们的食品。我们就在想，原来的产品卖不动，改个包装之后就卖得动吗？这个其实是不太可能的。所以就想说那我们再给他加点东西在里面。所以第一个，我们找到了地方特色，那到底要什么地方的特色才有趣？那是一个做米饼的品牌，后来我们找到了河南开封——开封出莲藕，等级最高的莲藕是拉开来没有丝的。

访问员1：没有丝？莲藕不是应该有丝吗？不是藕断丝连吗？

报导人3：有丝的是一般的，拉开来没有丝的等级才高。然后开封还出什么呢？还出"包青天"。我们就给他出了一款产品叫作"铁面无丝"，没有丝的米饼。所以它整个是黑的，中间有个月亮。所以它就变成了河南特产，河南开封特产，这就有趣多了。

访问员1：那就改变了他的产品呗？

报导人3：产品就改变了。所以你在吃这个"铁面无丝""包青天"的时候，特别是在教训学生的时候，摆一盒这个。

访问员1：它天生是黑色的吗？它为什么会有一个月亮？

报导人3：黑色的，月亮是米饼原来的牌子。黑色是莲藕加墨鱼汁，然后就可以把这个东西做出来。所以就加了一个新故事进去，事情就好玩，东西可能就会比改一个包装好卖多了。

访问员1：那你们除了了解创意之外，还要了解一些材料和广泛的知识。知识储备不仅仅说搞一个 big idea 出来，这个 idea 要建立在很广泛的知识之上，可能是材料学，可能是声像。

报导人1：所以我说这也是基于那么多年本身 Peter 这边的一些积累和经验，也有教训失败。所以我说这个人工智能不能取代。

报导人2：换个角度说，20世纪80年代的时候中国有个人叫何阳，被称为点子大王，那个时代他的想法是一个 idea。后来我们整个创意想法界，从 idea 一直到更多的细节雕琢，一直到 Peter 这样走出了一个传播载体，到更深入地跟用户的产品走在一起，这就是这个产业的自我进化动力。未来这个产业肯定也是像 Peter 带的团队这样的公司能获得更好的生存力，而那些仍然 idea 或只做一个载体内容的公司相对而言就不一样，和甲方的合作关系、交易关系都和以前不完全一样了。

访问员1：生米组成，总共有多少部门？每个部门的大致人员比重？

报导人2：我们有三个业务大区，每个业务大区部门的架构和每个大区的业务结构相匹配，还不完全一样。最主要的结构来说，Account 部门，我们的大区都有的，然后创意、媒介，这些都有。在上海，我们还有产品经理的岗位；在华北，我们有做 SEM 和网建的岗位，这些就跟着我们的业务结构有所区别。但整体来说，我们是 cover 到数字营销全案公司的所有的岗位的。

访问员1：刚才讲的有创意、媒介，还有什么？

报导人2：Account，客户部可以看作是一个项目最总控的一个决策。

访问员1：你刚刚是不是还说有技术，有吗？

报导人2：我们有技术，我们还有产品经理。

访问员1：创意部跟产品经理，他们主要是在干嘛？

报导人2：先讲创意，现在在顺为的创意的角色，其实是跟着我们 Aaccount 整体的部门一起，针对客户给出的需求在策略创意面整体给方案的。这个方案创意中间涉及很多创意的基础的工作方法，给出的也不只是 idea，一直到视觉的呈现包括这个呈现是否可能实现。创意部门还要包括去沟通可能的产品经理或者技术部门，乃至于有时候会参与一些供应链上的合作。因为某个技术的实现，不是说我认为可实现，媒体就认的，这中间要涉及可行性论证的。

访问员1：你能否举个例子？

报导人2：我举一个倒不一定是每天发生的例子。如果我们处理一个创意，我们认为这个创意可以让用户进入一个游戏的game，这个游戏的game中间，假设是王者荣耀，你在王者荣耀道具商店买一瓶可乐，你可以"加血"，假设这是我们的创意。然后我们跟腾讯互娱一聊，腾讯互娱说"就你这点投放量，有毛病啊，不可能的"。好，那这事就没有可行性。因为肯定就不同的创意，我们想出来的idea跟我们最后能执行的能力和条件，这中间需要一些载体。因为是数字营销领域，每个不同去承载这种创意的格局的载体，都会有不一样的情况。所以这中间，创意不仅仅是做着我们认为去出一个idea包括出一些需求，不是的。然后我们为什么要有产品经理？以前我们说可能我们认为的营销广告公司主要是解决传播问题，而现在像我们华东的产品经理很多时候解决的是客户的链粘配接的问题。我们一般解决传播问题是消费者从哪里来，但是消费者从哪里来又关系到链粘配接是否能将消费者的效益最大化、让消费者滞留更长时间，乃至于产生更高的转化。这部分还甚至于要接通到客户那边的数据库。我们的产品经理和技术有时候在这方面上会有很多的工作。

访问员1：你们的产品经理主要是跟对方的产品经理对接，还是跟对方的广告部门对接？

报导人2：就工作方式上，Account的这个角色通常是跟甲方沟通的，是整个团队最关键的角色，他要统筹很多项目资源。而产品经理也好、技术也好、创意也好、媒介也好，是属于这个资源中间的不同角色。如果认为产品经理是举这面旗的，后面有七八个不同的兵种，就是这样的一个情况。我举一个例子——产品经理。一般来说，产品经理这个名词是属于互联网公司的，我们服务的客户是一家母婴奶粉客户，我们现在产品经理在往前和Account一起推进的是，如何解决他管理每一个分销处的微信问题。因为对于母婴快销来说，总部品牌是有微信的，但是他下面有无数的网点，每一个网点其实都有自己针对自己网点所在的内容管理需要。河南的和陕西的可能在乎的内容就不一样。于是我们在给他解决的是一套平台，能不能让他们的总部同时管理下边的内容素材共享，并且中间形成整个的分析报告。

访问员 1：那就是说你们的产品经理对接的是他们的互联网产品，他们的线下产品管不管？

报导人 2：不能说不管。因为产品经理不管，但我们的创意团队同事管的。我们创意团队同事为一个品牌叫 YongHe 大王的做过一系列台历，线下的台历是我们做的。

访问员 1：然后管了他们的产品吗？

报导人 1：我们不管豆浆，但是我们管台历。

访问员 1：那你们就管了台历，台历是一个介质嘛，他的产品你是不管的。产品经理就是管他的线上的 APP 内，或者说微信内、客户端内的这些东西对不对？

报导人 1：对，我简单回答这个问题啊，就是说同样是媒介公司创意跟生米组成创意，最大区别在于哪，生米组成是一个特例，因为它本身就是以产品为导向的一家创意公司，所以它区别于其他类型传播类的创意公司、campaign 类创意公司。那么绝大部分的媒介公司，如果一定要说创意，它更加是偏向于传播类，一定不会引到客户产品本身，比如茶、奶粉、饮料这些产品。那么今天因为我们在说产品，可能我再换句话来理解，它可能是更多的一些工具，它不是产品本身，不是一杯茶不是一块饼干，它是工具。那么在营销 campaign 的过程中、在传播的过程中，如何通过一些工具、通过一些程序、通过一些技术手段帮助客户？无论是更好地去管理它的 CRM 也好，还是数字资产的留存也好，还是更有效地精准传播到它的受众也好，这可能通过一些技术跟工具能够被实现。那么公司越大，每个岗位工作分得越细。而在我们这样的中等规模公司，我们提倡一人多岗，就是说你可以不专职做这个，但你得懂。那么这个产品经理的角色更多的不是互联网产品经理要写这个逻辑产品开发逻辑，更重要的是他得听得懂 Account 带回来的 brief，甚至他有时候要跟 Account 一起去参与到客户的 brief，去听取、要知道客户的需求是什么，他要知道怎么去优化公司内部的资源，找到最合适的匹配资源来 support 到今天要实现的这个目标。如果内部实现不了，外部应该找简要的团队跟供应商来实现。整个流程时间控制把握是怎么样的，这是他要做的事情。

访问员1：那这样的公司人员比重最大的是哪个部门？

报导人1：在华东地区，我觉得 Account 媒介跟创意差不多，比较平均的。

访问员1：那产品经理呢？少一些吗？

报导人2：相当少。

报导人1：是这样的，我们的产品经理目前是归在 Account 里。那么有些公司产品经理会归在创意部门，他就变成一个 traffic 角度了，就 traffic 的一个部门。每家公司情况是不一样的。

访问员1：实际上还是客户、创意跟媒介这三个是最大的部门。

报导人2：换一个角度说，我们现在虽然叫数字营销公司，我们的组织架构，其实和最早我们说20年前25年前的广告公司的传承中间，是有一点传承的痕迹的。但是区别在哪？以前大家都是在卖户外大牌、在卖"高炮烟囱"的时候，大家都是展示型的，而展示型的只负责触达。而我们现在面临的角色是除了触达之外，有一些客户要求我们解决 landing 以后的效率，有一些要求我们解决客户生命周期的问题。也就是我们从售前到售中到售后，中和后的部分有的客户有需求，我们有能力 supporting 上去，不代表我们在这个领域已经登峰造极。但是我们肯定要有能力顶上去，而不仅仅是传播，仅仅是传播类的公司，在数字营销领域，除非他的客户只要传播，其他的都有其他的供应商解决。像我们的客户通常需求比较多元，我们用多元化的团队都有支持的能力。

报导人1：其实如果你去看10家代理公司，哪怕是同一个类型的，可能他的组织构架都不一样。组织构架最终是为了体现这个效率。

访问员1：对，因为现在的组织架构对你们来说，肯定效率是最优的。如果不优，你们肯定早调整了。

报导人1：文化不一样、地域特点不一样、服务的客户类型不一样，导致了最终组织构架不一样，这个是满灵活的。这没有一个特定标准的。

广告公司内部价值链

访问员1：那你们两个公司顺为互动和生米组成之间有合作吗？有交叉吗？

报导人1：有合作啊。

访问员1：那合作的是创意部门，对不对？

报导人1：如果是跟生米组成合作，主要是创意部门。

访问员1：是它的创意提供给你吗？

报导人1：不能简单地说提供这两个字。

报导人2：不是提供，其实我们之间的关系不是简单的供应商关系，我们像是中介公司的关系。

报导人1：我们先不说这个提供。比如说顺为不会自己去拍视频，顺为如果接下，没有生米组成，我们也会外包给其他公司做。那有了生米组成，那我第一选择就是生米组成，这是第一。第二，顺为相对创意部的能力是没有生米组成来得那么强的，这个东西术业有专攻。那么还有，生米组成的很多idea是在顺为提案过程中能让对方眼睛一亮的东西，我就可以先把它放进来。

访问员1：其实你们（报导人1是两家公司的控制人）这两家公司内部也有一条小的链，小的价值链，不然你就外包给别人了嘛，对不对？

报导人2：可以这么说。

报导人1：因为这个问题呢，有些从你的理解上来说，你是没理解错。但我们在实际的运作中可能就没往这方面想，就没怎么考虑过这个问题。

报导人2：这是一个出发点的问题。换句话说，因为合作的效益能够更好地满足客户需求，所以我们会合作，而不是因为我们有这样的关系而合作。一方面有默契，另一方面因为一加一"大于"二，所以我们才合作。

报导人1：就不会硬塞，不会硬扯。

访问员1：当然是因为更匹配，当然也能更具有效率嘛，你跟别人相比，你有沟通成本，你有磨合成本，你有各种成本。

报导人1：这个是一样的，两个团队彼此是不认识，所以说也有磨合成本也有沟通成本在里面。

访问员1：相对要小一些。

报导人1：嗯，对，那当然了。

访问员2：实际上，今天呢，我们讨论的是两个问题：一个是人工智能技术逐渐成熟之后，对广告产业会产生怎样的冲击；第二个问题就是人工智能进来之后，人和智或者机是以什么样的状态来共存。实际上这两种状态我们刚才或多或少也都谈到了。我们所理解的人工智能，是在大数据时代之后，对数据能够进行处理的一种技术。因为中国跟国外还不一样，中国政府的推动力很大，这个人工智能现在从去年（2017年）政府工作报告、十九大、今年（2018年）的政府部门报告连续在提，而且工信部、机械部都出台规划，我们预计它的应用会很快。虽然国外的技术研发比我们先进，但是应用层面，绝对是中国的快。广告只是这个应用层面的一小部分，可能机器制造、人工智能制造、无人驾驶这些领域应用得更广。因为我们在这个领域当中，所以我们研究的主要是它在广告领域中的应用。刚刚我们一直在谈的一个问题，人工智能这种技术，不是说现在，它可能对我们广告产业的哪些领域产生根本性的冲击。这种领域可以分成三大块：一块微观，一块中观，一块宏观。我们今天谈的主要是微观方面。中观是产业整体的影响。宏观可能牵扯到政策方面了，它一开始影响的也是微观嘛。

访问员1：对，我是从微观着手的，因为其实中观层面需要更宏观的把控和了解。

人工智能在广告中应用所面临的困难

访问员2：所以我们刚才聊的一些主要的东西就是说，不管你的公司形态是怎样的，在整个传统的广告运作链当中，是这么几个环节：先从消费者调查开始，从市场细分开始，然后我们开始形成广告策略，广告策略怎么形成呢——它的主要因素，形成广告策略后做出广告，制作创意，投放，然后收集反馈。收集反馈之后，现在还有一个应对的过程。无非是这些领域。我再补充一个问题，在消费者洞察领域，人工智能还可以有哪些应用；在策略和制作领域，人工智能还可能做哪些事；在投放领域，以前我们可能投放做得最多的嘛，这个和你紧密相关的，在投放领域，人工智能以后可以做得更多的是哪些方面；最后就是效果评估和反馈，在这个方面人工智能有没有可能发挥更多的作用？

报导人2：人工智能在洞察领域、策略领域、投放领域、监测领域分别发挥什么作用。说到这些问题的话，我个人的感知，这是在于人工智能的一定阶段达到什么程度。在人工智能还没有进入到可以拟人化智能思考的情况下,有可能它给到我们所说的洞察和策略领域的是一定的指向。因为我们的洞察和策略其实是在复杂信息结构化中找路。而一方面,人工智能在这样的信息中间,同样可以起到找路的功能;第二,人工智能在有足够的数据支持的情况下,它理论上来说应该可以去论证若干个其他案例中间这个路径的效果。我觉得对我们决定在什么环境下做什么样的事情、走到什么样细化的路径上,人工智能是能起到极高的效率提升的,它能大大降低可能策略中间一些细节的打得不准的试错成本,投放的领域呢……

访问员 2:比如说这种策略,那消费者洞察,我们要基于数据,投放,我们也要基于数据,这些方面怎么搞数据呀?

报导人 2:我来举一个例子。消费者没有数据,但是宏观的消费者所面临的环境是可以有数据的,因为消费者除了本身的数据以外,应该说时间空间乃至于若干媒介触点之间的那种制衡点的数据是可以获取的。如果假设市面上有 2 000 万个网站或者 APP 的话,我假设 20 万个,它们在每天乃至每一分钟的制衡状态都不一样,对于一个消费者他可能中间产生的效率就是不一样。我的意思是说,环境本身是一种可以被智能获取的数据。而一般来说从上往下的策略:第一是环境,第二是对任务的真实的解析,第三是洞察我们要去解决问题的人群,第四是我们来给一个 solution。我觉得其中环境上的数据在人工智能的复杂环境的分析能力上的提升相当重要。我如果把这问题说得极端一点,我们遇到过一些甲方有可能不一定是规模很大的企业,他可能只是在一定规模一定阶段的企业,他会出一个很棒的东西,但是他常常会忽略的是:他在什么环境和阶段这是他适合做的。很多甲方都有这个问题,这不代表我们 agency 没问题,我们有时候也会发现我们提出一个东西,看上去非常棒的、很帅气的、让人看得瞬间被吸引的东西,但是在当时的这个环境和需要解决的问题方案上并不是契合的。所以我觉得人工智能在这个角度的精准的捕捉路径上不一定能给解决方案,但是对我们制订解决方案中很多的论证过程的准确性上肯定有助力。至于这个助力人工智能给出的是个什么样的形态,今天我回答不出来。我觉得很有可能是近似于无限维度的数据分析的可视化图标,这是一种可能。至于另一种可能,它会不会像"小冰"一样和我说两句话,我觉得不重要,但如果是可视化图表的话,对于我们去找哪个 solution 已经有很大的帮助了。至于是不是能获取到市面上大量的之前的类似的项目的campaign,在类似环境下用什么应对措施地再结构性的分类,他们的成败如何如何,可能这个数据需要的颗粒度,在现在的数据基础上达不到,但未来我觉得有可能。因为我之前看过一篇报道,说中国一天被投放在互联网上的创意是1 700个,我不知道那个数据的可信度。

  访问员1:这个创意是什么意思?

  报导人2:被投放的创意。我假设他的1 700个,是不可能去数的。比如说访谈了占中国产业规模1%的广告公司,算一下你们投放了多少创意来反推。那我们假设是1 700个的话,那这1 700个,如果有更细颗粒的能够去洞察,它们进入的整个的环境跟它本身策略结构的链条,其实我们能够得到一些因果。如果人工智能够强大的话,是可以在我们还没做事之前就预判结果是什么样的?这做得到。但从投放的角度,人工智能在我的个人感知中……

  访问员2:我们先不慌,我们先把这个环节再仔细谈。有没有可能我们结合一个案例,技术呢,我们有实验室可以实现,我们不需要管的。有没有可能结合一个实际的案例做一个模拟的这个东西?就是刚才你讲的这个,我们给它做出来,有没有可能?

  报导人2:您指的做出来,是指我们把刚才说的这种情况把它还原到真实的可以有数据跑这样子?我觉得成本好高啊。

  访问员2:成本?你指什么成本?

  报导人2:举例来说,如果刚才说的这个东西已经规模化到有强大的产业普遍的人工智能技术和数据来支持的话,做这个东西可能是一个我们日常工作认为的supporting。但是我们单独做这个的话,毕竟我们对于全网的诸多的变量用数据去获取的话,这套系统我觉得是几千万级别的。那不如做实验,做完之后这样的东西是绝对可以独立上市的,真的独立上市,好东西啊。我觉得这个模拟有难度,当然我假设做个封闭环境:10家媒体在里面,这也是个办法,找点人在里面。这我觉得有可能能够做一些,但不一定接近我们刚才说的完美态。

  访问员2:我的意思是,我们能不能通过一个案例来论证一下人工智能在广告策略方面可以发挥什么样的作用?

访问员 1：现在论证不了，现在没这技术，没有这样的底层。

报导人 1：现在没有这样的系统来实现。

报导人 2：数据底层现在做不到。

访问员 1：数据底层没有，人工智能的底层也做不到，它需要多层底层。首先你要有数据，再有你人工智能的各种机器学习达到了一定高度，以这两个为基础才能有第三层，现在双底层都达不到。

报导人 2：要做这个试验，成本很高。

访问员 1：而且仅靠他们，肯定做不到。

报导人 2：超出顺为的能力。

报导人 1：这个东西，就像报导人 2 说的，如果要做这个试验，你现有的无论是媒体还是 communicating 的能力，这么一家公司，单凭这个技术，一定是独角兽企业。人工智能本身就是独角兽覆盖的四大维度之一。那么的的确确市面上现在没有这样的公司去做。如果说人工智能从策略方面就能渗透从而去进化，从而去改变通常的操作习惯，提高效率。其实，当初我在好耶的时候，大家都知道好耶是媒介公司。十年前吧，好耶就想做一套系统，因为好耶当初有 200 多人的技术团队，想做到什么系统呢？我们叫智能媒介优化的系统。换句话说，你把条件输进去，排期或者说排期的策略能够自动出来。

访问员 2：现在有啦？

报导人 1：是有，此时，真正按照这个来做的有。DSP 可能有。国外一样的东西，到中国可能就水土不服。国外 DSP 发展得非常好，到中国就是不行，到今天为止五六年总有了吧，就一直发展不起来，数据首先就是个问题。

报导人 2：BAT 在，BAT 他们是孤岛效应。

报导人 1：数据不打通，那在中国就做不起来。第二个呢，完全按照这个推理出来。第一，人工还需要干预。首先客户买单吗，你告诉他我背后有一套大数据的计算功率，我这个是机器自学习的，我这是人工智能算出来的这个策略，不还得有人去解释这是为什么吗，这逻辑是怎么来的吗，对吧？那么客户是否为此而买单。第二，谁去开发这么庞大的一套系统，我开发我挣不回来开发这套系统的钱呐。

访问员1：是这样的，你先得有两个底层，然后才能开发这个系统。两个底层没有，系统也开发不了。

报导人1：这也是一个很大的问题。如果第三方开发这个系统，华扬联众用了，省广会不会用？省广为什么要用呢？你省广这套东西都学去了，我如果把一些数据包着，我都可以卖给华扬联众，数据隐私怎么办？这又是一个很大的问题。数据隐私在中国一直没有得到解决。这里面有很多客观条件，我相信今天想到这点的人很多，为什么迟迟没有做出来？一方面可能要消耗太多的时间人力投入才能做，做出来以后可能是鸡肋。还有一个重大的问题在里面，这跟商业相关——是利益。你做出来，系统分析出来。搜狐架子最高，你投放比重在搜狐上就应该占优。从此以后，搜狐返点不给你，或者现在你如果知道搜狐返点是最低的，你愿意推吗？不愿意。那我得去改吧？我要去推翻重新改已经做出来结论，不，自己做一份就是了嘛。这里面有很多的tricky的东西，导致我觉得这个东西不大可能实现。

报导人2：这个东西可能投入巨大，最后商业化财务预算……

报导人1：那这个还是媒介了，你问Peter，假设从创意策略层面上来说，我就更加不可能实现，这怎么实现呢？Peter，你觉得可能实现吗？

报导人3：我觉得至少可以保证大家20年内还有饭吃，20年后我不知道了，20年内应该可以。

报导人2：或者这么说吧，这个东西，假设我们设定一个美好未来会实现的话，不应该是我们干数字营销这一行的人去做的，而是某一个有更高目的的人做了以后，其中一部分功能开放给我们，我们用，他有可能图的利益可能远远在我们之上。

访问员1：因为咱们是一个边际溢出产业，咱们不是一个核心支柱产品。

报导人2：我们讲用一根牙签去开一家餐馆没有必要，我们如果有一个商业不动产的话，那我们开一家餐馆。

访问员1：对，只是说比如人开了一家餐馆，我们去贴海报，不可能我们去开一家餐馆，因为这个溢出性的产业溢出到我们这儿我们就用，溢出不到，我们不会去开发。

报导人1：至少在看得到的后面这几年，我不觉得会有这么一家公司出来。这就是一家鸡肋公司。你要说今天,某家大集团公司,花点钱做一套东西出来,外面包装一下宣传一下,这个有可能,没人用,他就自己用。用到后来一看不对啊,这么算下去他的媒介成本过高啦,没有利润可图的,然后废弃。

报导人2:公司如果要干这个事,我们随便做个假设,如果是30亿元的研发投入的话,要把这钱赚回来要赚多长时间我们算得出来。

报导人1:你还别说30亿元了,少说点,1亿元研发投入,你得花多少时间呐。某大型数字营销公司(作者隐)一年销售收入60亿元才1亿元的净利,你说说看你得赚多少?这哪是一般公司能做得起的?百度有钱吧,腾讯有钱吧,阿里有钱吧,他们的技术人员储备总够丰富的,要科学家有科学家,要谁有谁,如果他做了,百度做了,腾讯会用吗?你别说腾讯会用,百度做了,搜狗会用吗,360会用吗?不会用。既然不会用,那数据就不完整。那百度做还有道理,它搜索占了中国市面上80%或怎么样,够样本数据,那OK了,但是百度也不会做,这必要性何在?

访问员2:所以现在这个领域可能没什么大的前进。

报导人1:太难了。

报导人2:有可能大件架构上人工智能一定是基于某一个开发之后,广告公司把其中一部分功能切过来剁吧剁吧再做应用化,单独来启动这么大的事儿,数字营销好像蛮难做的。

报导人1:我们在行业里不是经常有这样的讨论吗?brainstorming或者自己内部公司都有这样的讨论,但我们的讨论更加切实际一点。

访问员2:这就是策略领域不行,制作领域我们刚才谈过了。

当下人工智能在广告中的应用

报导人1:有逻辑可循的,也不一定是简单的、重复性的东西,我觉得这个是可以被逐步做出来的。

访问员2:大规模个性化,这个人工智能肯定是可以的。

报导人1:因为它这个东西还得加上很多东西,还要加上搜索引擎的功能,这个技术,机器学习、爬虫技术,可能等一系列技术垒起来,最终我觉得是有可能的。

报导人2：在制作领域有一种可能性，当然不代表完整的可能性。制作领域一般会使用的素材，如图片、文字、音频、视频、H5、游戏加直播，一般来说是常见的载体。中间就我们这个行业有一种供应商，这个供应商是做H5应用商店的。就我们说可能是一个甲方，他大甲方说花20万元开一个H5，小甲方呢，200元预算，就买一个H5攒吧攒吧就直接对外发布，这种也有。这种H5的商店它很重要的是有大量的H5模板，因为每一个人都希望自己的H5和别人不一样，即便是模板化的也不一样。可能对他来说这种情况能降低他蛮大的开发的成本，对他倒是有一定的帮助的，他就是以卖模板为生的。

报导人1：对。这个环节是有规律可循的，包括CI、VI也是一样的，我把要求输入进去，简单大方、低调奢华，如果你输的每个关键词的背后都有大量的数据支撑，它可以形成一系列的组合LOGO给到你看，这个是可以的。网站，它有模板化的网站，很多小企业做不起网站。OK，你要叫我们做网站，50万元起版，我会告诉你我只给你一个主页面，主KV，两个副页面，其他都模板化了。OK，那么还有模板化，就自己DIY嘛。那么像这种如果说是这种人工智能干预的话，那是完全可以做到的。就尺寸是不交易的，你别想动尺寸，没有的，就这个位子就放这个东西，那个位子就放那个东西，你只要输一些关键信息，你想要什么样的色调、什么风格、什么样的这个东西，可能这些都是能让你选的，选完以后就出来了嘛。

报导人2：现在有一个叫XXX.com，我自己在那建过一个个人主页，就是可见技术，所有东西拉来拉去输几个字，我做了一个个人的主页。

报导人1：还有一个我不知道你们听到过吗？早多年就有了，A/B Test你们知道吧？A/B Test就是说你去试验一个不同的可能性，比如说假设我举个例子……

访问员2：A/B Test？

报导人1：比如说我要做一个这个跟这个的测试嘛，那有个网站叫AB Test，那么这个领域也叫A/B Test。比方说一个网站，页面非常简单，你把你的网址输进去，他会给你的网址做诊断，那么好多年前就有这个东西了，其实很多。部分机器，部分人工，那么它机器诊断的类别是什么呢？比如说我们的banner，人的视觉，一个网站它有热力图分布的，就你的眼睛最早关注的或者最多关注的,可以测出来。它会看你的这个banner是竖着放关注度高、点击率高,横着放还是怎么样,跟你的产品属性、跟你的页面构架结构、跟你的颜色、跟你的基调……我觉得,这个东西人工智能完全可以做得到。但是这个东西是早就有。只不过就以前大家没有用人工智能这个词。

访问员2:以前有眼动仪啊。

访问员1:因为以前人工智能在应用领域不广泛,无人机无人车没有,这也没有那也没有,它就觉得是一个边角料,现在它突然之间觉得是一个很热的技术。这样的话它热起来了,大家都这样来归纳它了嘛。它肯定一个东西也不是突然爆发的嘛。

报导人1:的的确确,行业里面开那么多会,我们很少去探讨说人工智能对广告业界的冲击或是改变,从这业态来说,我们更多的是讨论人工智能如何运用到我们整个广告的创意上表现,增加这个创意的效果,增加用户的体验交互,能够把用户这个产品更加好的集资化……可能应用层面讨论的多一点,而关于产业的改变倒是很少讨论。

访问员1:没有,应用层面没有搞清楚的话,你业态根本搞不清。首先你把应用搞清楚之后才知道它对业态有怎样的影响。对,你先搞清这个层面才能搞那个层面嘛。如果你上来就搞对产业的影响,你还搞不清楚它到底能搞啥,那它有啥影响也出不来,所以这是一步一步来的

报导人1:你别看业界一年开那么多会,说到人工智能,现场论坛的嘉宾也好,演讲嘉宾也好,可能就会丢一个个案例出来,而这些案例你再去看,其实就是一个个campaign,或者人工智能在某些campaign上的运用,运用到现在一个什么程度。那么其实今天这个话题已经要比这个来得更加高一个层级了,已经不是说今天仅仅是campaign传播上的运用,而是对这个产业的构架上的改变可能会发生一些什么变化。说实话,业界是不大讨论这种东西的。今天你要问我累吗?我会说不累,因为这话题本身是蛮好玩的一个话题;但是,对业界来说,通常都有个毛病,就是谈完了明天就忘了,该怎么做还怎么做。

访问员2:这个也是对的,因为业界和我们谈的不一样。业界一定要有它的合理性,有它的商业价值,他才会去做。

报导人1:对,有很多诉求在里面。我觉得听听还是蛮好的,我想听听

学术界是怎么考虑我们业界的问题的。

访问员1：其实我自己的着眼点在业态上，但是对于业态的分析必须建立在微观的基础之上，所以我把大量的时间花在这个地方，业态上我实际上自己可以做进一步的判断和进一步的梳理。

访问员2：刚刚讲的这个投放方面，你们可能也比较多程序化购买。你觉得现在的问题就是以后的方向吗？你觉得主要是哪几点？

报导人2：您的投放方面是指我们现在特别聚焦在程序化吗？

访问员2：对，大规模投放。

报导人2：如果就针对程序化来说的话，决定程序化未来整个商业领域能不能有很大爆发力的，在我看来有四个因素。第一个因素是数据。所有的程序化最终其实是跟数据密切相关的。而在中国客观的商业环境中间，BAT是关门做生意的，我们拿不到BAT数据，所以也就是为什么至今为止3 500亿中间，程序化业务的比率，我印象中没记错的话大概最高也就6%—7%吧。我记得2014年是40亿元，2015年好像是80亿元，2016年2017年加上应该不会过200亿元，也就是这点量。数据我们现在第三方做不动。而那几家虽然各自做自己的程序化业务，但是它们没办法跨出这个壁垒，腾讯就腾讯的，网易就网易的，新浪就新浪的，那第一个是数据。第二个是产品能力。对现在的产品能力，我们不能说好不好。作为一个不断进阶的产品，现在市面上很多公司都有自己的程序化产品，我们也有。虽然我们自信不差，但是我们不能说我们做得比别人好。第三，媒体的开放程度。事实上大多数媒体愿意开放出这些程序化流量的那些流量，品牌广告主是不太会投的。品牌广告主无法容忍我是宝马而旁边是一个低俗的医疗广告，他受不了的。所以程序化流量中间，品牌广告主更关注的可能不是现在的重点媒体资源。而对媒体来说，肯定对好的媒体资源位是希望直接去卖大价钱，按CPD卖的。第四是运营能力，虽然程序化理论上来说有科技含量在里面，有很多是用程序解决问题的。事实上我们在实战中看到，我们接了一个客户的单，不管是5万还是100万，运营团队要不断调适。这个调适不是说我们把他每一个获客成本降到最低就是好的。因为当无限的精准去解决一个客户成本的时候，通常是意味着没法放量的。所以经常如果会投两周，一个运营团队给"吃"在上面不断地用运营去解决效率问题。中间会涉及这套产品怎么来运作。换句话说,如果回到人工智能的科技作用力的话,我觉得在运营的角度,人工智能可能从提效的角度,能够起到蛮大的作用的。但另外三个角度,我觉得在商业环境里,比如说媒体流量的开放程度,比如说我们说的产品或者数据角度,现状放在这,短期内能不能有大突破,我不知道。

访问员 2:国外程度不能很低吧?

报导人 2:国外好很多。我觉得我们现在看到的,感觉国外媒体在私有化、程序化上比国内很多媒体要开放。

访问员 2:因为它商业化更彻底还是什么原因?

报导人 2:我觉得商业化更彻底可能是一个因素吧。在我看来,更多的因素有可能是关系到商业的历史性原因,甚至于社会商业伦理方向的原因。像今天,因为中国的商业发展,改革开放到现在也就两代企业家。第一代没有经历过科技巨变,整个商业传承上造成了一些中国独有的现象,在西方看不到。西方商业文明时间比我们长,可能这是一种解释。当然也有更多的可能,比如说文化,等等。

报导人 1:我来说说人工智能的投放。我觉得人工智能在投放上最容易去改变一些什么现象,主要还是回到我们所谓的千人千面来说。今天,如果是人工智能能够做到什么,当然这要很多东西配套使用,在检测广告投放的同时,设定好一些参数,比如说这个 banner 广告在这个网站上,无论是通过 DSP 投放的还是通过常规投放的,设定频次,没超过多少点击量,在一定的时间段里,通过人工智能自动匹配、替换不同的素材,这是一个应用。

访问员 2:我们以前倒没想到这一点。我再重复一遍,意思是不是说,人工智能在投放中有个应用场景,就是说当这个投出去之后,如果点击量过低,就是效果比较差,因为这个可以检测到,那么通过人工智能自动把它换掉。

报导人 2:这就我刚刚说的人工智能发力于运营。

报导人 1:就是说它可以自动去替换掉素材。而这个素材本身如果是有规律可循的话,因为人工智能早就提供出大批量的素材了,它可以不断去替换,这是一个方面。在这方面,我觉得人工智能是可以做得到的。那么在投放方面,我觉得人工智能可能也能够干预的,一是关于千人千面,二是素材库人工智能可以去做，还有一个，因为其实每个人的浏览行为是不一样的，有些是通过浏览行为、有些是社交数据、有些是购买数据或者什么，如果人工智能可以识别到这样的数据，在你浏览相应网站的时候，我可能一开始的时候并没有要做百度那个小冰，我已经知道你的一些行为数据，我是否能做智能的一个推荐引擎给到你相关的一些产品信息，如果你感兴趣你可以点击购买。OK，那么这个只是百度。如果说真的相对数据打通的情况下，人工智能是能够分辨得出来，是否以一个小冰的形态出现不重要，在这段时间里，无论是你的消费数据、还是社交、购物、搜索数据，跟你上这个网站之后今天要推荐给你的东西是完全可以做到多维度匹配的话，甚至在匹配的同时，还能够做到同类比较的话……

　　访问员2：同类比较是什么意思？

　　报导人1：所谓同类比较，是我今天只知道你对德系车感兴趣，你可能看了宝马你也看了奥迪，那么之前的做法是怎样呢？宝马买关键字，搜奥迪的网页跳出来的是宝马；奥迪买关键字，搜宝马的网页跳出来的是奥迪。那真正要说到公平，因为是要给到一个同类比较，我知道你喜欢德系车，你基本上看的都是中级、B级的轿车，在这种情况下，我会推荐德系车给你，按照顺序也好，按照频控也好，你出现在任何一个应用端，我都可以给到你相应的德系车去看，让你有所比较。如果还能结合VR技术，只要你点击这个，我送你一副VR眼镜。首先，地址、邮寄信息你都有吧？我可以邀请你来试车试驾，我也可以给你一副VR眼镜，里面已经帮你植入好了。因为VR眼镜现在成批量制作成本很低，导入一个片子进去，可能就是这辆车，比如说360°的一个车的体验，各个维度的车，通过VR把这些东西相结合。我觉得这也可能会颠覆目前这些现有的推荐技术，包括实际场景应用的一些东西。因为现在还是蛮割裂的。

　　访问员2：那这个重点指的是多渠道的方案还是什么？

　　报导人1：甭管今天你是在百度搜索的数据，还是你在阿里买了东西，还是你在社交上和人家聊天、关心的一些东西，我都可以分析出这个人在这个阶段……是这样的，数据有保鲜期的，买车是一个长决策过程，买房更是一个长决策过程，但今天你买一瓶饮料，你是一个短决策过程，可能就是冲动型消费。所以说你根据数据不同的保鲜期，这个维度是可以划分的。因为可以用不同的维度去划分,来综合一个立体人物的画像。就不要说今天只是因为我是百度小冰,所以说所有推荐给你看的,你必须要在百度上才看得到。跳开百度你就看不到啦？我不觉得阿里会接受百度小冰在上面的。

访问员2：对,这就是讲多元预构的消费信息嘛。

报导人1：但总的来说,人工智能现在对目前传统的一些投放,影响还不是那么大。如果你们把 DSP 也看作是人工智能的话,那多少会有些影响。如果 DSP 单拎出来的话,那么就谈不上有特别大的影响。相反,我倒觉得,我不知道人工智能——假设说今天是跨媒体的一些东西——是否在这方面有帮助。比如说今天户外和手机端能够整合,通过人工智能、通过数据的传输。现在绝大部分是什么呢？户外广告？要么是个触摸屏,你可以和它互动;要么就是扫二维码,能够形成互动的。如果再有一些新的更高级的技术,比如说无线的数据传输的功能,能够实现你看到、你经过这个户外广告屏,只要感觉到你关注了、停留了、你的视线在这个产品上,它就自动的能够在手机,在你另外一次的上网行为中给你匹配到相应的这个东西。这个好像现在也没看到过。

访问员2：以后会有公司做这个的。

报导人1：我相信会有的。那这个不会投入巨大。我觉得这个东西倒是有可能的,你们不觉得现在的传统广告跟互联网接轨最紧密的还是户外？

访问员1：对,户外和视频。

报导人1：那视频还是互联网呐。电视没什么,大家说得多的台网联动不就是这个东西吗？还有什么呢？没了呀。台网联动就是说,一集综艺节目,其实电视上才放了一个半小时,它的素材剪辑出来起码有5个小时,有很多花絮,能够让你通过互联网去观看的,能够引起更加多的一些广泛的效应,能够二次传播,类似这种。所以说在投放方面,我倒是蛮看好未来传统这块东西能够跟人工智能这块结合,还能带领互联网这块的一些东西。再结合新一点,比如说我今天看到这个杯子,所谓的分享经济,所谓的所见即所得,还真不是说今天所谓的互联网视频广告商看到的。我今天看到这个杯子我想买,那么现在有些酒店是有这样的,下面有个二维码,或者告诉你这个杯子多少钱你可以买,或者下面有两个二维码你可以扫一扫,最多做到这一步了。那今天如果说就这一个杯子,我想买,我怎么办？有没有通过任何技术手段,我只要拍张照就能识别,有没有可能?我就真的是所见即所得。那比如说我见到你这身西装我觉得蛮好的我想买,我怎么办?你要说熟,我问"你这西装哪买的",那要是一陌生人,我不可能上前去问他的,那我怎么办?就是说从技术层面去改变能够缩短这种所谓的从看到广告到最终做出决策购买的链条的技术突破的话,那我觉得这个是有点革命性的意义的。

报导人2:这个技术现在衣服辨识不出来,但如果说是某一个标品的话,这个倒有可能。如果是酒的话,用天猫拍张照或者京东拍张照,它可以匹配出来的,但衣服不行,衣服太复杂了。

访问员2:这个基础肯定有一个数据库嘛,因为这些东西都在里面,它一识别,那边一配,就弹出来了。

报导人2:他们的标品在上架的时候,里面数据库的这个参数就进去了。

访问员2:基础这个数据库要有,识别技术一导入,就可以了。技术没有,那还谈什么呢?

访问员1:好像这个技术,百度和淘宝已经开发了很多年,他们讲到的那个四维识别和图片识别,然后他们在开发过程中本来以为很快会成功的,但是他们后来遇到很多障碍。他们有这个想法已经很久了,至少2011年2012年他们就有像这样做过。

报导人1:所以说我觉得人工智能在这方面如果能够做,其实这也算是人工智能,如果说它的数据库够大,无论是哪种类型的东西,它都能够辨别,那我觉得这也很厉害。只不过以前,我们没有特别的去……那么业界更加多的可能会去关注技术的应用层面,就应用的本身是否能够帮助我的案子能够更加有别于其他的,能够最终促进产品的销售,或者说提高用户的转换,或者提高产品的满意度等有一系列指标,所以对业界来说可能关注更多的是在整个技术层面。当然应用层面的背后一定是有大量的底层东西在的。

访问员2:应用的越多,它可以慢慢一点一点地推过去啊。

报导人1:对,前端东西反馈到后端,后端通过学习又推到前段,就不断地一个迭代,就不断通过技术迭代来实现这些东西。那这可能是业界相对来说关注度比较高的东西。但我所谓的业界关注比较高,可能也是在一些前线的。真的,很多技术公司背后养了一大帮科学家,他们就是在做一些底层数据,机器学习、云计算,就做这样的东西。比如说前面说秒针公司就有很多这样的人,因为它是一家数据技术公司,就需要这样的人。而对于绝大部分的营销公司来说,不管线上还是线下,就统称营销公司,它没有这个需求,如果要的话,它可以拿来即用,它没有必要去养这帮人去做这个,而且绝大部分创始人或者高管都不是这个行业出身的。

访问员1:而且营销公司现在其实到现在为止也是轻资产公司是吧?

报导人1:非常轻的资产公司。基本上拎个包换台电脑找个地方就能办公了。所以说从这个角度上来说,当然从社会发展进步的角度,我们当然希望有一天能够颠覆也好、取代也好,这是一个进步嘛。因为人有思想,有能力,可能今天取代这个,你可能会运营出一些新的生存空间跟职位出来。

访问员2:对,旧的行业取代了,新的行业也会产生的。

参考文献
REFERENCES

论著

[1] 白瑞雪.演化经济学与经济学的演进[M].北京：中国人民大学出版社,2012.

[2] 陈刚.中国当代广告史：1979—1991：第一卷[M].北京：北京大学出版社,2010.

[3] 陈劲,王焕祥.演化经济学[M].北京：清华大学出版社,2008.

[4] 邓伟根.产业生态学导论[M].北京：中国社会科学出版社,2006.

[5] 顾江.文化产业经济学[M].南京：南京大学出版社,2007.

[6] 郭熙保.发展经济学[M].北京：高等教育出版社,2011.

[7] 国际广告杂志社,北京广播学院广告学院,IAI国际广告研究所.中国广告猛进史(1979—2003)[M].北京：华夏出版社,2004.

[8] 胡建绩.产业发展学[M].上海：上海财经大学出版社,2008.

[9] 李怀勇.信息化时代的市场融合[M].北京：经济管理出版社,2008.

[10] 吕明元.技术创新与产业成长[M].北京：经济管理出版社,2009.

[11] 孙晓华.技术创新与产业演化：理论及实证[M].北京：中国人民大学出版社,2012.

[12] 陶长琪.信息经济学[M].北京：经济科学出版社,2001.

[13] 王涛.复杂适应系统视角下中国产业集群演化研究[M].北京：经济科学出版社,2011.

[14] 伍华佳.开放经济条件下中国产业结构的演化研究[M].北京：经济管理出版社,2009.

[15] 张维迎.博弈论与信息经济学[M].上海：格致出版社,上海三联出版社,上海人民出版社,2012.

[16] 钟瑛,余红.传播科技与社会[M].武汉：华中科技大学出版社,2006.

[17] 周振华.服务经济发展与制度环境[M].上海：格致出版社,上海人民出版社,2011.

译著

[1] (美)道格拉斯·C.诺思.制度、制度变迁与经济绩效[M].杭行,韦森审,译.

上海：格致出版社，上海三联出版社，上海人民出版社，2012.
［2］（美）迈克尔·波特.企业行动纲领［M］.赵学凯，译.北京：中信出版社，2002：25-28.
［3］（美）迈克尔·哈默，詹姆斯·钱皮.企业再造：企业革命的宣言书［M］.王珊珊，胡毓源，徐荻洲，译.上海：上海译文出版社，2007：35-40.
［4］（美）约瑟夫·斯蒂格利茨.信息经济学：基本原理（上）［M］.纪沫，陈工文，李飞跃，译.北京：中国金融出版社，2009.
［5］（美）约瑟夫·斯蒂格利茨.信息经济学：基本原理（下）［M］.纪沫，陈工文，李飞跃，译.北京：中国金融出版社，2009.
［6］（瑞士）库尔特·多谱佛.经济学的演化基础［M］.锁凌燕，译.北京：北京大学出版社，2011.

学位论文

［1］陈力田.企业技术创新能力演进规律研究——基于适应性演化和协同视角［D］.杭州：浙江大学，2012.
［2］李舸.产业集群的生态演化规律及其运行机制研究［D］.长春：吉林大学，2008.
［3］林婷婷.产业技术创新生态系统研究［D］.哈尔滨：哈尔滨工程大学，2012.
［4］卢山冰.中国广告产业发展研究［D］.西安：西北大学，2005.
［5］陆瑾.产业组织演化研究——从对主流经济理论的批判到基于演化框架的分析［D］.上海：复旦大学，2005.
［6］邵琳.人力资本对中国经济增长的影响研究［D］.长春：吉林大学，2014.
［7］孙冰.企业技术创新动力研究［D］.哈尔滨：哈尔滨工程大学，2003.
［8］孙浩.文化创意产业集聚动力机制研究［D］.上海：上海社会科学院，2012.
［9］王辉.企业网络能力与吸收能力互动及对产品创新价值链的影响研究［D］.天津：天津大学，2012.
［10］王立生.社会资本、吸收能力对知识获取和创新绩效的影响研究［D］.杭州：浙江大学，2007.
［11］吴渭.产业链和利益相关者视角下的农业风险研究［D］.北京：中国农业大学，2015.
［12］徐军华.高校图书馆业务流程重组的模式研究［D］.武汉：武汉大学，2012.
［13］徐英吉.基于技术创新与制度创新协同的企业持续成长研究［D］.济南：山东大学，2008.
［14］许红.中国企业业务流程重组关键成功因素［D］.厦门：厦门大学，2009.

期刊、报纸

［1］蔡曙山,薛小迪.人工智能与人类智能——从认知科学五个层级的理论看人机大战[J].北京大学学报(哲学社会科学版),2016(5).

［2］陈刚.智能化广告时代正全面到来[N].中国工商报,2017-01-10.

［3］陈刚,孙美玲.结构、制度、要素——对中国广告产业的发展的解析[J].广告大观(理论版),2011(8).

［4］陈刚.发展广告学的理论框架与影响因素研究[J].广告大观(理论版),2013(2).

［5］陈刚.建构中的发展广告学[J].广告大观(理论版),2013(6).

［6］程明,姜帆.整合营销传播背景下广告产业形态的重构[J].武汉大学学报(人文科学版),2009(7).

［7］丁俊杰.新时代与新广告(一):新变化[J].中国广告,2016(7).

［8］丁俊杰,王昕.市场化背景下中国社会发展与广告产业定位思考[J].广告大观(理论版),2011(8).

［9］丁俊杰,黄河.观察与思考:中国广告观——中国广告产业定位与发展趋势之探讨[J].现代传播(中国传媒大学学报),2007(8).

［10］段淳林.从大数据到社会计算:企业 wiki 传播的路径控制研究[J].新闻界,2016(12).

［11］郭嘉.从传播技术变迁角度研究广告产业的发展——必要性探析及相关概念的界定[J].广告大观(理论版),2011(12).

［12］胡永远,刘智勇.不同类型人力资本对经济增长的影响分析[J].人口与经济,2004(3).

［13］黄升民.互联网思维广告化生存[J].广告人,2015(12).

［14］姜智彬,张静怡.比较制度因素与中国网络广告产业发展——基于生态视角的中美网络广告产业比较研究[J].广告大观(理论版),2013(6).

［15］金定海,朱婷.移动互动中的价值驱动——中国广告产业的数字化转型与发展[J].山西大学学报(哲学社会科学版),2013(7).

［16］李世英.市场进入壁垒与产业的市场绩效研究——对中国制造业的实证分析[J].经济体制改革,2005(8).

［17］李万,常静,王敏杰,朱学彦,金爱民.创新 3.0 与创新生态系统[J].科学学研究,2014(12).

［18］廖秉宜.优化与重构:中国智能广告产业发展研究[J].当代传播,2017(7).

［19］廖秉宜.中国广告产业的战略转型与产业核心竞争力的提升[J].广告大观(理论版),2009(4).

［20］廖秉宜.中国广告产业集约化发展的路径分析[J].广告大观(理论版),

2012(12).

[21] 刘传红.广告产业进入壁垒：回溯与反思[J].现代传播(中国传媒大学学报)，2011(11).

[22] 刘传红.我国广告产业组织的模式选择[J].西南民族大学学报(人文社会科学版)，2011(4).

[23] 刘雪芹,张贵.创新生态系统：创新驱动的本质探源与范式转换[J].科技进步与对策,2011(9).

[24] 梅亮,陈劲,刘洋.新生态系统：源起、知识演进和理论框架[J].科学学研究,2011(12).

[25] 倪宁,金韶.大数据时代的精准广告及其传播策略——基于场域理论视角[J].现代传播,2014(2).

[26] 聂双.人工智能：给市场营销一个新时代[J].中国对外贸易,2017(6).

[27] 彭涌.新时期中国广告产业的发展困境及路径选择[J].山东社会科学,2012(5).

[28] 佘世红.文化创意产业视阈下中国广告产业发展的思考[J].广告大观(理论版),2013(2).

[29] 史蒂夫·霍夫曼.企业创新与人工智能[J].城市开发,2017(7).

[30] 苏俊斌.搜索引擎对传统广告的"去中介化"[J].中国网络传播究,2017(1).

[31] 汪建基等.碎片化知识处理与网络化人工智能[J].中国科学：信息科学,2017(2).

[32] 王建优.从产业进入壁垒到产业内壁垒[J].中国经济问题,2002(11).

[33] 王林.吴恩达.人工智能考验的是想象力[N].中国青年报,2016(7).

[34] 魏然.产业链的理论渊源与研究现状综述[J].技术经济与管理究,2010(6).

[35] 邬盛根,冯静.中国广告产业制度变迁的逻辑与空间[J].广告大观(理论版),2013(6).

[36] 徐卫华.试论我国广告产业的衰退原因及对策[J].中南民族大学学报(人文社会科学版),2008(3).

[37] 许正林,李名亮.以国家的名义：广告产业发展战略的新境界——"实施国家广告战略"的内涵、保障与路径[J].广告大观(理论版),2012(4).

[38] 许正林,马蕊.中国广告产业中小型化特征及其发展制约问题[J].广告大观(理论版),2013(2).

[39] 杨光炜,刘嫣,张晓勇.智能广告设计技术的应用研究[J].艺术科技,2017(5).

[40] 杨力.人工智能对认知、思维和行为方式的改变[J].探索与争鸣,2017(10).

[41] 杨同庆,杨景越,许敏玉.广告产业环境变化与发展的思考[J].企业经济,2011(3).

[42] 杨效宏,左凯文,陈晓欢.制度中的"模式因素"对中国广告产业的影响[J].广告大观(理论版),2013(6).

[43] 姚曦,李娜.智能时代的广告产业创新趋势[N].中国社会科学报,2017-11-16.

[44] 姚曦,秦雪冰.社会科学的使命与发展广告学[J].广告大观(理论版),2013(12).

[45] 姚曦.创新行为与广告公司人力资本管理[J].中国地质大学学报(社会科学版),2009(9).

[46] 姚曦.发展广告学——广告学研究视域的扩张[J].广告大观(理论版),2011(4).

[47] 姚曦.发展广告学的理论源流及研究维度[J].广告大观(理论版),2012(4).

[48] 尹铁钢.从广告产业角度探讨媒介与广告组织二者的关系[J].广告大观(理论版),2010(2).

[49] 喻国明,兰美娜,李玮.智能化:未来传播模式创新的核心逻辑——兼论"人工智能+媒体"的基本运作范式[J].新闻与写作,2017(3).

[50] 喻国明,刘界儒,李阳.数据新闻现存的问题与解决之道——兼论人工智能的应用价值[J].新闻爱好者,2017(6).

[51] 喻国明,姚飞.试论人工智能技术范式下的传媒变革与发展——一种对于传媒未来技术创新逻辑的探析[J].新闻界,2017(1).

[52] 张金海,黄迎新.广告代理的危机与广告产业的升级与转型[J].广告大观(综合版),2007(6).

[53] 张金海,廖秉宜.中国广告产业集群化发展的战略选择与制度审视[J].广告大观(理论版),2009(2).

[54] 张金海,林翔.中国广告产业发展现实情境的制度检视[J].广告大观(理论版),2011(8).

[55] 张金海,刘芳.广告产业发展模式的创新和发展路径的选择[J].广告大观(综合版),2008(3).

[56] 张永林.智能创新生产力理论与中国经济发展深层思考[J].管理科学学报,2017(10).

[57] 周振华.情感计算:人工智能产业的经济新实践——兼论对山西智慧转型发展的启示[J].经济问题,2016(6).

外文文献

[1] CHANG, RAY M, OH, WONSEOK, PINSONNEAULT, ALAIN. A network perspective of digital competition in online advertising industries: a

simulation-based approach[J]. Information systems research, 2010.

[2] CHAVEZ, CHRISTOPHER. Hispanic agencies and profits of distinction: an examination of the advertising industry as a field of cultural production[J]. Consumption markets & culture, 2012.

[3] COHEN W, LEVINTHAL D. Fortune favors the prepared firm [J]. Management science, 1994, 40(2): 227-251.

[4] CRAMPESW, CLAUDE, HARITCHABALET, CAROLE, JULLIEN, BRUNO. Advertising, competition and entry in media industries[J]. Journal of industrial economics, 2009.

[5] CRONIN, ANNE M. Calculative spaces: cities, market relations, and the commercial vitalism of the outdoor advertising industry[J]. Environment and planning, 2008.

[6] DRUMWRIGHT, MINETTE E, MURPHY, PATRICK E. The current State of advertising ethics industry and academic perspectives[J]. Journal of advertising, 2009.

[7] DUFFETT, RODNEY G. Employment equity issues in the cape town advertising industry: a black economic empowerment perspective[J]. African journal of business management, 2011.

[8] GREGORY, MICHELLE RENE. Inside the locker room: male homosociability in the advertising industry[J]. Gender work and organization, 2009.

[9] HOWARD, SARAH. The advertising industry and alcohol in interwar France [J]. Historical journal, 2008.

[10] LICHTENTHALER U. Absorptive capacity, environmental turbulence, and the complementarity of organizational learning processes[J]. Academy of management journal, 2009, 52 (4): 822-846.

[11] LIEBERMAN, M. Visualizing big data: social network analysis. In digital research conference. 2014.

[12] MCLEOD, CHARLOTTE, O'DONOHOE, STEPHANIE, TOWNLEY, BARBARA. Pot noodles, placements and peer regard: creative career trajectories and communities of practice in the British advertising industry[J]. British journal of management, 2011.

[13] MOULD, OLI, JOEL, SIAN. Knowledge networks of 'buzz' in London's advertising industry: a social network analysis approach[J]. Area, 2010.

[14] O'BOYLE, NEIL. Managing indeterminacy: culture, irishness and the

advertising industry[J]. Cultural sociology, 2012.
- [15] O'DONOHOE, STEPHANIE. New vocabularies, old ideas: culture, irishness and the advertising industry[J]. International journal of advertising, 2011.
- [16] OJALA, M. Researching the advertising industry[J]. Online, 2004.
- [17] SOPHIE C, BOERMAN, SANNE KRUIKEMEIER & FREDERIK J. ZUIDERVEEN BORGESIUS. Online behavioral advertising: a literature review and research agenda. Journal of advertising, 2017, 46(3): 363-376.
- [18] V. KUMAR, SHAPHALI GUPTA. Concept evolution and the future of advertising [J]. Journal of advertising, 2016(3).
- [19] ZAHRA SA, GEORGE G. Absorptive capacity: a review, reconceptualization, and extension[J]. Academy of management review, 2002, 27(2): 185-203.